Ein Jahr mit Marie

Tanja Jeschke

Ein Jahr mit Marie

Zwölf Geschichten
zu den Jahreszeiten
und Kirchenfesten

mit Bildern von
Marina Rachner

gabriel

Für Marulla (T. J.)

Jes 3 Ja 8 (2)

Inhalt

Das alte Jahr fliegt über den Balkon

Marie ist acht Jahre alt und wohnt in der Tulpenstraße. Die Tulpenstraße hört da auf, wo der Fußballplatz anfängt. Und am Rand vom Fußballplatz, nämlich da, wo die Jungs immer ihre Fahrräder abstellen, da steht das Haus von Maries Familie. Es ist ein altes Haus. Vor allem die Dachrinne ist alt. »Viel zu alt!«, schimpft der Vater immer. »Woher soll ich das Geld für eine neue nehmen!?« Das weiß Marie auch nicht. Sie legt den Kopf schief und hört, wie das Regenwasser überall durch die kaputte alte Dachrinne tropft. »Hört sich doch schön an!«, sagt sie. »Wir brauchen gar keine neue.«

Das Wasser spritzt an manchen Stellen gegen die Fensterscheiben. Es gurgelt und klopft. Der Regen ist ganz wild heute. Vielleicht hat der

Himmel es eilig, denkt Marie, vielleicht muss er es noch schaffen, alles alte Wasser vom alten Jahr fertig zu regnen, bevor es ganz zu Ende geht. Denn heute ist der allerletzte Tag des alten Jahres und morgen beginnt das neue. Morgen früh ist alles neu. Da soll der Himmel bitte endlich eine schöne weiße Schnee-Tischdecke ausbreiten! Marie wünscht sich nichts mehr als das, denn zu Weihnachten hat sie doch einen neuen Schlitten bekommen, der noch immer unbenutzt im Wohnzimmer steht.

Die Mutter dreht sich vor dem Spiegel in ihrem neuen Kleid, das aussieht wie ein Teich mit Seerosen. Sie geht gleich mit dem Vater zur Sylvesterparty, und Sonja, das ist Maries große Schwester, darf zum ersten Mal mit. Denn jetzt ist sie groß genug. Sonja tut, als sei sie gar nicht aufgeregt, dabei ist sie es doch, und zwar sehr. Das sieht Marie an den roten Flecken überall an Sonjas Hals. Sonja trägt ein blaues Kleid, das glitzert, und eine Kette, die noch mehr glitzert.

»Du siehst ganz neu aus«, sagt Marie, »gar nicht mehr wie Sonja.«

Das gefällt Sonja. Sie findet sich neu viel schöner als alt und macht ein Etepetete-Gesicht mit spitzen Lippen, weil sie glaubt, so was passt jetzt zu ihr.

Marie und ihr kleiner Bruder Franz bleiben zu Hause. Tante Usch kommt zum Aufpassen. Tante Usch wohnt vier Häuser weiter, ist doppelt so dick wie die Mutter und hat einen lila Schimmer in ihren weißen Haaren. Sie wird bei ihnen bleiben, bis das alte Jahr vergangen und das neue Jahr da ist.

»Tschüs bis nächstes Jahr«, ruft die neue Sonja zum Abschied. Und als die drei die Tür schließen, rennen Marie und Franz zum Fenster und schauen, wie sie im Auto die Tulpenstraße hinunterfahren. Die werden sie in diesem Jahr nie wieder sehen. Nie wieder.

»Jetzt feiern wir drei Sylvester«, sagt die alte Tante Usch, »und dann geht ihr Mäuse schlafen.«

Das Sylvester von Tante Usch geht so: Wackelpudding mit Vanillesoße essen und Witze erzählen und zum Schluss das alte Jahr über den Balkon schmeißen.

Tante Usch sagt, wenn man das alte nicht rauswirft, kann das neue nicht kommen. Man muss es richtig kräftig wegjagen, weil es lieber bleiben will, das alte, sagt sie. Es ist wie mit Staub und Gerümpel und schlechten Gewohnheiten, die gehen nicht von selbst.

Marie weiß genau, dass das neue Jahr erst um Mitternacht kommt, wenn sie und Franz schon lange schlafen. Sie möchte so gern aufbleiben und endlich einmal sehen, wie es dabei zugeht. Ob das neue Jahr vielleicht angeschaukelt kommt wie ein Schiff oder angeflogen wie ein Vogel? Oder ob es sich einfach vom Himmel herunterfallen lässt wie der Regen? Oder ob es aufsteigt vom Boden wie der Nebel? Aber es ist immer dasselbe: Franz und sie müssen ins Bett wie kleine Kinder, und wenn sie dann am nächsten Morgen aufwachen, ist das neue Jahr einfach so da. Das gefällt Marie nicht, und deswegen wird sie heute Nacht wieder versuchen wach zu bleiben, um nichts zu verpassen. Sie wird ihre Augen ganz groß machen und aufhalten und aufhalten, bis sie brennen. Aber wetten, dass sie ihr dann doch wieder zufallen und der altbekannte, müde Sylvesterschlaf stärker ist?

Ha – in ein paar Jahren bin ich so groß wie Sonja, denkt Marie, und dann gehe ich auch auf die Sylvesterparty und sehe, wie das neue Jahr ankommt.

Tante Usch sitzt auf dem gelben Sessel im Wohnzimmer, löffelt Wackelpudding und erzählt ihren alten Witz von der Tüte, den sie jedes Jahr erzählt: Kommt eine Tüte zum Bäcker und sagt, zwei Brötchen bitte. Sagt der Bäcker, du hast wohl 'nen Knall. Also hör mal, sagt die Tüte, plustert sich auf und platzt, dass es knallt. Tante Usch wackelt beim Lachen wie der Pudding. Franz kriegt einen Lachanfall. Man muss ihn dann immer aus dem Zimmer werfen, sonst hört er gar nicht mehr auf zu lachen. Marie lässt den Wackelpudding durch die Zähne hin- und herrutschen, bis er fließt wie Saft. Dabei beobachtet sie Franz genau, der immer noch lacht. Tante Usch freut sich, dass ihr Witz so witzig ist. Sie hat ganz rote Wangen und nickt Franz fröhlich zu und sagt: »Jaja, diese Tüte, diese Tüte, so was!«

Marie kichert. Aber Franz soll jetzt mal aufhören, findet sie. »Franz, es reicht!«, ruft sie wie der Vater. Natürlich hört Franz nicht auf sie, das tut er nie. Er lacht noch mehr und noch lauter und holt zwischendurch Luft wie eine Schiffssirene. Das hat er mit Lars geübt, Lars ist sein Freund. Es hört sich grauenhaft an.

»Wir müssen ihn jetzt aus dem Zimmer werfen«, sagt Marie zu Tante Usch. Aber die steht auf und öffnet die Balkontür.

»Nee, nee«, sagt sie, »hier wird niemand rausgeschmissen. Nur das alte Jahr, das geht jetzt koppheister!«

Koppheister ist ein sehr schönes Tante-Usch-Wort, es heißt: Das alte Jahr wird jetzt über den Balkon geschmissen, und zwar kopfüber.

Franz vergisst weiterzulachen und geht mit Marie und Tante Usch auf den Balkon. Sie stehen da und schauen in die dunkle Nacht. Es ist sehr kalt. Der Regen hat aufgehört, aber aus der alten Dachrinne tropft es noch immer. Marie sieht zum schwarzen Himmel hinauf. Der Wind weht von den Birken am Fußballplatz herüber. Dies also ist die letzte schwarze Nacht

vom alten Jahr. Marie sieht es überall, das alte Jahr. Dort drüben im Fußballtor hockt es und da hinten vor der Garage von Herrn Kleber liegt es und in den nassen Ästen der Bäume kraxelt es herum. Und hier auf dem Balkon ist es auch und es weiß genau, dass es bald vorbei ist, das alte Jahr.

Irgendwo in der Nähe gibt es einen Knall. Einige Leute aus der Nachbarschaft lachen.

»Das war die Tüte!«, ruft Marie laut.

Franz fängt schon wieder an zu lachen, aber nur kurz, denn er muss was sagen: »Quatsch, das war ein Sylvesterknaller!«, sagt er und guckt Marie an, ob sie ihm auch glaubt. Meistens glaubt sie ihm einfach nicht, wenn er etwas weiß, aber dieses Mal doch, auch wenn sie dazu die Nase rümpft.

Tante Usch stützt sich mit ihren dicken Armen auf die Balkonbrüstung und sagt: »Los, Mäuse, jetzt schmeißen wir!«

Und Franz und Marie greifen mit beiden Händen nach dem alten Jahr, das überall in der Luft hängt, und werfen es weit weg. Koppheister geht es! Tante Usch macht auch mit.

»Ach, du altes Jahr, jetzt pack ich dich am Kragen!«, ruft sie mit ihrer hohen alten Stimme und schwenkt die Arme mit geballten Fäusten über dem Kopf. Dann öffnet sie die Hände und schleudert etwas mit aller Kraft von sich. Marie schaut genau hin: Tante Uschs altes Jahr fliegt da mit Schwung hinaus.

»Das war's!«, ruft Tante Usch in die Nacht und lässt die Arme zufrieden baumeln.

»Das war's!«, rufen Franz und Marie hinterher. Sie sind – puh! – ganz schlapp vom Schmeißen.

Wie Marie das neue Jahr entdeckt

Als Marie am allerersten Tag des neuen Jahres aufwacht, fällt ihr zuerst gar nicht ein, dass heute etwas Neues beginnt. Ihre Augen sind wie jeden Morgen voller Schlafsand, der weggerieben werden muss. Und dann sieht sie, dass die Bettdecke von Franz wie immer auf dem Boden herumliegt und sein Bett leer ist. Er steht ja jeden Morgen lange vor ihr auf, weil er so viel Quatsch machen muss. Marie geht zum Fenster und schaut hinaus. Da draußen liegt kein Schnee. Keine einzige Flocke ist vom Himmel gefallen. Aber heute ist doch Neujahr, schießt es ihr da durch den Kopf, heute wollte ich doch endlich den neuen Schlitten ausprobieren!

Marie blinzelt zum Himmel hinauf. Wie

grauer Kaugummi kleben die Wolken da oben fest. Nichts bewegt sich. Die Tulpenstraße liegt still und verlassen da. Niemand ist unterwegs. Das neue Jahr traut sich nicht richtig, denkt Marie. Alles sieht aus wie immer. So alt und normal. Marie ist enttäuscht. Sie stülpt die Unterlippe nach vorn, so weit es geht, bis ihr Kinn ganz hart wird. Zur Strafe esse ich jetzt Nutella mit den Fingern, beschließt sie und geht in die Küche. Die ist leer. Marie nimmt das Nutellaglas vom Tisch und fängt an zu schlecken, große Portionen. Zur Strafe für dieses komische Neujahr!

»Guten Morgen, Marie!« Die Mutter kommt herein, der Vater hinterdrein. »Frohes neues Jahr, mein Kind!«, sagt er. Sie schauen auf Maries Schokoladenmund und sagen nichts. Das ist neu. Vielleicht darf man im neuen Jahr Nutella schlecken, so viel man will? Der Vater nimmt sich tatsächlich einen Löffel und beginnt den Rest im Glas, den Marie übrig gelassen hat, auszukratzen. Die Mutter kocht Kaffee. Sie frühstücken zu dritt, denn Franz macht irgendwo anders Quatsch, und Sonja schläft noch. Frühstück allein mit den Eltern liebt Marie, aber nur, wenn das Radio aus bleibt, und das tut es. Marie fängt an neugierig zu werden auf das neue Jahr. Vielleicht ist es doch nicht so schlecht? Auch ohne Schnee!

Später kommt Sonja dazu und erzählt Marie alles von der Sylvesterparty, und zwar wirklich alles. Was es zu essen gab und was die Leute zu ihrem blauen Glitzerkleid gesagt haben, vor allem das.

Marie findet das alles wahnsinnig spannend. »Jetzt siehst du wieder aus wie die alte Sonja«, sagt sie zu ihrer Schwester. Da guckt Sonja sauer und erzählt nicht mehr weiter. Nach so einer Party ist sie doch kein bisschen mehr die alte Sonja!

Später geht Marie nach draußen. Sie möchte nachschauen, ob schon irgendetwas anders ist als im vergangenen Jahr. Sie geht die Tulpenstraße entlang. Die Luft riecht wie gestern. Die

Zäune stehen wie gestern herum, die Mülltonnen auch, das Gartentor von Familie Konrad hängt wie immer kaputt in den Angeln. Ein Fenster im Haus Nr. 7 steht weit offen, laute Opernmusik schallt heraus. Das ist Herr Backeberg, der hört so was immer sonntags. »Musik ist mein Sonntagskuchen«, sagt er.

Marie kann das neue Jahr nirgends entdecken. Gerade als sie umdrehen will, um wieder nach Hause zu gehen, biegt eine kleine Frau oben um die Ecke. Sie hat einen langen weißen Stock in der Hand, mit dem sie den Gehweg vor sich abtastet. Um einen Oberarm trägt sie eine gelbe Binde mit drei schwarzen Punkten. Was das bedeutet, weiß Marie: Die Frau ist blind!

Langsam kommt sie auf Marie zu.

»Frohes neues Jahr!«, ruft Marie ganz laut, damit die Frau weiß, dass hier jemand ist, und ihr nicht mit dem Stock auf die Füße haut.

Die Frau bleibt stehen und blinzelt. »Danke«, sagt sie, »wer ist da, bitte schön?«

»Marie«, antwortet Marie.

»Ich muss in die Nr. 11 zu Herrn Kleber«, sagt

die Frau. »Ich habe etwas für ihn. Er hat mir neulich im Park so reizend von Helgoland erzählt und jetzt habe ich etwas für ihn. Er wird Augen machen!«

»Soll ich Sie hinbringen?«, fragt Marie. »Ich weiß, wo Herr Kleber wohnt.«

Die Frau nickt, und so gehen die beiden nebeneinander die Tulpenstraße hinunter.

Vor dem türkischen Gemüseladen bleibt die Frau plötzlich stehen und schnuppert in die Luft. »Hier riecht es gut«, sagt sie.

Marie sieht, dass oben aus dem offenen Fenster feiner Dampf herausquillt. »Da wohnen der türkische Verkäufer, Herr Adir, und seine Frau. Sie machen vielleicht gerade Pommes.«

»Stehen wir hier vor seinem Laden?«, fragt die Frau. »Dann sag mir, was du hier siehst. Ich liebe türkische Läden!« Sie klopft mit dem Stock auf den Gehweg vor Begeisterung.

Marie guckt ins Schaufenster. »Da liegt ein großer Berg Orangen. Und da sind Walnüsse. Und Auberginen und Kohl. Und da oben hängen lange Würste.«

»Siehst du«, ruft die Frau, »das ist doch was!«

Sie gehen weiter und kommen zum Frisör. Hier riecht es nach nichts. Aber vielleicht möchte sie trotzdem wissen, was es hier zu sehen gibt, denkt Marie und erzählt: »Hier hängt ein großes Plakat von einer Frau mit langen Locken, die sind genauso rot wie ihr Lippenstift.«

»Wie guckt sie denn?«, fragt die blinde Frau.

»Wie meine Schwester Sonja, als sie gestern zur Sylvesterparty ging«, antwortet Marie.

Jetzt kommen keine Läden mehr, nur die normalen Häuser. »Dieser Zaun ist knallblau gestrichen«, erzählt Marie, »das findet meine Mutter kitschig. Und die Haustür ist knallgelb.«

»Und was für Bäume stehen hier?«, will die Frau wissen.

»Oh«, überlegt Marie, »im Frühling sind manche rosarot, manche nur grün, manche sind ganz hoch gewachsen und dünn. Auf der anderen Seite dort steht eine Birke und der Baum da hinten bei Familie Konrad ist eine Kastanie.«

»Und Herr Kleber, was hat der für Bäume?«, fragt die Frau.

»Herr Kleber hat gar keinen Garten«, sagt Marie.

Da bleibt die Frau erschrocken stehen. »Wie schade!«, ruft sie. »Der arme Mann! Ich muss ihn ganz schnell besuchen.« Sie hat es plötzlich eilig und trippelt mit ihrem langen Stock rascher vorwärts. Marie beeilt sich mitzukommen.

»Erzähl weiter, Marie, was du siehst!« Die Frau geht noch schneller.

»Die Mülltonne von Herrn Backeberg ist umgefallen!«, ruft Marie atemlos. »Und Schmidts haben neue Küchenvorhänge! Grüne mit gelben Zitronen drauf! Und da geht Frau Patronelli mit Pipsi. Das ist ihr Dackel. Pipsi hat einen Regenmantel an. Und in diesem Haus wohnt niemand, es steht leer. Mein Vater sagt, das ist eine Schande. Und dort oben aus dem Fenster winkt Carita. Das ist meine Freundin.«

»Wie sieht Carita aus?«, fragt die Frau und schlägt mit dem Stock auf die Bordsteinkante.

Marie winkt Carita zurück und sagt: »Sie hat braune lange Haare und eine Brille! Und ihr großer Bruder Alfi fährt schon Mofa! Das Mofa ist rot und steht vor der Haustür!«

So, und nun sind sie vor Herrn Klebers Haus angekommen. Marie und die blinde Frau schnaufen ziemlich. Marie hat das Gefühl, als sei sie einen ganz anderen Weg als sonst gegangen. Einen neuen Weg mit neuen Augen. Dabei ist es ja die Tulpenstraße, die sie in- und auswendig kennt.

Marie klingelt an der Tür. Es dauert eine Weile, bis Herr Kleber aufmacht. Während sie warten, erzählt Marie noch schnell, dass die Haustür ein kleines Guckloch in der Mitte hat. »Herr Kleber kann Sie jetzt schon sehen«, flüstert sie.

Die Frau blinzelt und lacht. »Der wird Augen machen!«

Da öffnet Herr Kleber die Tür.

»Frohes neues Jahr!«, ruft Marie und läuft davon.

Und auf einmal sieht sie ganz genau, dass das neue Jahr da ist. Es hat sich überall ausgebreitet. In der ganzen Tulpenstraße liegt es, über den Häusern, dem Gehweg, den kahlen Bäumen. Fast wie Schnee, nur ganz anders. Neu eben.

Spagetti für die Heiligen Drei Könige

Der sechste Januar ist der Tag der Heiligen Drei Könige und der letzte Tag der Weihnachtsferien. Noch einmal ausschlafen und von morgens bis abends tun und lassen, was man will!

Franz, der erst im Sommer in die Schule kommen wird, weiß ja noch gar nicht, was Hausaufgaben sind. Aber weil er im Kindergarten der Älteste ist, sagt er: »Oje, morgen geht der ganze Stress wieder los! Heute will ich noch mal meine Ruhe haben.«

Mit Ruhe meint Franz: Monster im Kinderzimmer spielen und herumschreien zusammen mit seinem Freund Lars.

Die Eltern werden heute den ganzen Tag fort sein, sie müssen etwas in der Stadt erledigen und kommen erst am Abend wieder. Sonja soll auf Marie und Franz Acht geben.

»Ich habe aber keine Lust auf Babysitting«, mault sie, »ich will mich mit Gabi treffen.«

»Ich bin kein Baby mehr!«, ruft Marie.

Die Mutter hat eine Idee: »Wie wär's, wenn Gabi hierher kommt und ihr beide kocht euch allen was Schönes?«

Sonja hat vor einiger Zeit entdeckt, dass Kochen Spaß macht und außerdem nur etwas für Erwachsene ist. Für solche wie sie und ihre Freundin Gabi, die schon vierzehn Jahre alt sind. Ihre Augen leuchten. Sie ruft: »Ich koche Spagetti mit Reibekäse und Maggi!«

»Prima«, sagt die Mutter und zieht sich den Mantel an. »Und vergiss nicht, etwas Öl ins Wasser zu geben, dann kleben die Spagetti nicht so zusammen.«

Sonja verdreht die Augen. »Mama! Für wie alt hältst du mich eigentlich? Das weiß ich doch längst!« Sie rennt zum Telefon, um Gabi anzurufen. Aber Gabi ist nicht da. Da schüttelt Sonja ihren Pferdeschwanz mit Schwung und sagt: »Das schaff ich auch allein.«

Das glauben ihr die Eltern. Und Marie glaubt ihr das auch. Sonja ist schon groß. Und außerdem wird sie, Marie, den Käse reiben.

Als die Eltern weg sind, stellt Sonja erst einmal das Radio an. Ein Mann erzählt etwas von den Heiligen Drei Königen, die zu Jesus in den Stall gekommen sind, um ihm Geschenke zu bringen. »In manchen Orten ziehen sie heute am Dreikönigstag von Haus zu Haus: Kaspar, Melchior und Balthasar. Seien Sie nur schön freundlich zu ihnen! Es ist doch eine Ehre, wenn Könige zu Besuch kommen! Jesus war ja auch ein König. Und diese drei heiligen Könige erinnern uns an ihn und wie er als König in unsere arme Welt gekommen ist.«

Im Kinderzimmer geht jetzt das Geschrei der Monster los. Lars ist gekommen und hat Monsterfutter mitgebracht, Gummibärchen. Immer eins wird in die Luft geworfen. Wenn es auf den Boden fällt, stürzen sich die beiden Monster mit wildem Brüllen darauf. Das schnellste Monster darf es auffressen.

Sonja stellt das Radio so laut, dass die Monster fast nicht mehr zu hören sind. Jetzt kommt

Musik und sie tanzt mit Marie um den Tisch und dann in die Küche.

Gemütlich machen sich die beiden an die Arbeit. Marie reibt den Käse und Sonja gibt etwas Öl ins Spagettiwasser. Als Marie gerade den Tisch decken will, klingelt es an der Haustür. Sie geht hin und öffnet sie.

Da stehen Kaspar, Melchior und Balthasar! Sie sind ein bisschen klein geraten und sehen eigentlich genauso aus wie die drei Jungs aus der Nachbarschaft, die immer auf dem Fußballplatz bolzen. Na gut, aber wenigstens tragen sie richtige Umhänge um die Schultern wie Harry Potter und prächtige Kronen aus Goldpapier auf den Köpfen. Und einer der drei hat sich das Gesicht mit Tusche schwarz angemalt. Seine Nase sieht aus wie eine kleine, angekokelte Kartoffel. Das ist der Mohr. In seiner Hand hält er eine Sammelbüchse. Die anderen beiden haben lange Stäbe, an denen oben goldene Sterne befestigt sind.

Sie starren Marie an und warten darauf, dass endlich ein Erwachsener kommt. Denn dann würden sie etwas sagen. Aber es kommt keiner. Marie starrt zurück und wartet auch. Was wollen die denn jetzt?

Da fällt ihr der Mann aus dem Radio ein, der gesagt hat, man soll schön freundlich zu ihnen sein.

»Hallo«, sagt sie schön freundlich.

»Hallo«, murmeln die drei Königsjungs.

Da kommt Sonja. Sie trägt die Küchenschürze und weiß gleich, was sie zu tun hat. »Na, ihr!«, sagt sie. »Jetzt singt mal euer Lied oder so!«

Die drei rufen laut und wie aus einem Mund: »Wir sind die Heiligen Drei Könige und sammeln Geld für einen guten Zweck!«

Sonja kaut eine Weile auf ihrer Unterlippe herum und überlegt. Sie hat kein Geld da, aber sie hat was anderes. »Ihr könnt Spagetti haben«, sagt sie.

»Ist auch okay«, sagt der kleine Mohr und kratzt sich unter seiner Krone. »Ich habe nämlich einen Riesenhunger.«

Sonja läuft in die Küche und holt den Topf mit den fertigen Spagetti. Sie trägt ihn zum Esstisch und schreit: »Franz! Lars! Essen kommen!«

Die beiden Monster stürzen aus dem Kinderzimmer und kommen ins Esszimmer gerannt. Dort bleiben sie wie angewurzelt stehen und vergessen vor Überraschung wohl ganz, dass sie Monster sind und sicher gleich Spagetti mit den Fingern fressen wollten.

»Echte Könige! Stark!«, ruft Franz.

Die Könige legen ihre Kronen neben die Teller und greifen hungrig zu. Die Spagetti hängen ihnen aus dem Mund wie lange Bärte.

Sonja und Marie gucken sich zufrieden an: Es schmeckt allen!

»Und wohin geht ihr als Nächstes?«, fragt Marie.

»Och«, sagt der König neben ihr, »nach Hause.«

»Fußball spielen«, meint der Mohr.

Da kommt Marie eine Idee: »Leiht ihr uns eure Kronen und Umhänge? Dann sind wir heute Abend die drei Könige, wenn Papa und Mama zurückkommen!«

Am Abend, als Lars und die Königsjungs längst gegangen sind, suchen Franz, Sonja und Marie alle Kerzen zusammen, die vom Weihnachtsfest noch übrig sind, stellen sie überall im Wohnzimmer auf und zünden sie an. Dann setzen sie die Kronen auf und hängen sich die Umhänge um die Schultern. Und als Letztes machen sie alle Lampen aus.

Wie schön die Kerzenflammen im dunklen Wohnzimmer aussehen! Die Kinder werden ganz still, sogar Franz hält seine kleine Monsterklappe. Sie sitzen auf dem Sofa und warten auf die Eltern.

Endlich ist das Auto zu hören, dann der Haustürschlüssel im Schloss – die Eltern treten ins Haus.

»Komisch, es ist so still hier«, hören sie die Mutter im Flur sagen.

»Und so dunkel«, meint der Vater.

Jetzt kommen sie ins Wohnzimmer herein.

»Ah!«, machen sie beide wie aus einem Mund. Dann sehen sie dort auf dem Sofa drei Könige sitzen, die leise vor sich hin lachen.

»Oh, schau mal«, sagt der Vater zur Mutter, »wir haben hohen Besuch.«

Die Mutter geht auf die drei zu und verbeugt sich vor ihnen. »Guten Abend, verehrteste Könige«, sagt sie.

»Guten Abend, guten Abend«, brummen Marie und Sonja mit tiefen Stimmen. Und Franz ruft laut: »Guckt mal, ich trage einen richtigen Harry-Potter-Umhang!«

Dann essen sie alle zusammen zu Abend und die Kerzen brennen bis zum Schluss.

Als Marie später schon im Bett liegt, fragt sie den Vater noch etwas. »Die Heiligen Drei Könige konnten nicht so zaubern wie Harry Potter, oder?«

Der Vater überlegt einen Moment. Dann schüttelt er den Kopf. »Ich glaube, das konnten die nicht. Warum fragst du?«

»Sie hätten ja den Stern gar nicht gebraucht, wenn sie so zaubern könnten«, sagt Marie. »Dann hätten sie einfach mit einem Zauberspruch den Weg zu Jesus in den Stall gefunden.«

»Du hast Recht«, antwortet der Vater, »sie mussten dem Stern auf ganz schwierigen Wegen folgen. Das hat lange gedauert und keine Zauberei hat ihnen geholfen. Nur der Stern, der ihnen vorausgegangen ist. Das war ein richtiges Abenteuer.«

Schade, denkt Marie beim Einschlafen, jetzt ist die Weihnachtszeit zu Ende.

Marie geht zu Fuß bis Ostern

An einem Abend im Februar sitzt die ganze Familie im Wohnzimmer. Die Mutter liest ein Buch, der Vater blättert in der Fernsehzeitung, Sonja strickt einen Pullover, Franz malt ein Bild und Marie übt Kopfstand.

»Einundzwanzig, zweiundzwanzig«, zählt sie die Sekunden, die sie die Beine wie eine Kerze gerade hinauf gestreckt halten kann. Bei »dreiundzwannnnn« kippen die Beine dann immer wieder weg und Marie muss von vorn anfangen. »Einundzwanzig, zweiundzwanzig ...«

»Dein Kopf ist so rot wie eine Tomate«, sagt Franz.

Sonja blickt auf und sieht zum Fenster hinüber. Hinter der Scheibe steht der schwarze

Abend. Aber was ist das da, was überall durch das Schwarz tanzt? »Es schneit!«, ruft sie.

Marie springt auf die Beine und rennt zum Fenster. Sie guckt sich genau an, was da draußen los ist. Und was sie sieht, gefällt ihr gar nicht. »Das ist kein richtiger Schnee«, mault sie, »das sind aufgeweichte Haferflocken. Darauf kann ich nicht Schlitten fahren!«

Ihr neuer Schlitten steht jetzt in ihrem Zimmer. Manchmal dreht Marie ihn um und setzt sich rein und tut so, als sei er ihr Motorboot, mit dem sie über das wilde Meer rast. Das Boot schaukelt vor und zurück, und am Schluss fällt Marie ins Wasser, wo Franz, der Hai, sich auf sie stürzt mit seinen schrecklich großen Zähnen. Marie und der Hai kämpfen dann miteinander, bis Marie sich gerade noch befreien kann und wieder in das Motorboot zurückklettert. Das macht Spaß, aber eigentlich ist der Schlitten ein Schlitten und möchte draußen den Berg hinuntersausen. Vor allem Marie möchte das. Sie wartet schon so lange auf den Schnee!

»Vielleicht musst du diesen Winter auf das Schlittenfahren verzichten«, sagt der Vater.

»Das will ich aber nicht«, ruft Marie laut und stampft mit dem Fuß auf. »Ich will Schlitten fahren!«

»Du kannst den Schnee aber nicht vom Himmel herunterzwingen!«, meint der Vater.

»Ich will aber!«, ruft Marie noch lauter.

»Dein Wille macht keinen Schnee«, sagt der Vater. »Gott macht den Schnee.«

»Aber Verzichten ist schrecklich!«, ruft Marie.

Da erzählt Sonja, dass alle in ihrer Klasse in diesen Wochen vor Ostern freiwillig auf irgendetwas verzichten. Die Religionslehrerin macht auch mit.

»Warum tut ihr das denn?«, fragt Marie ganz erstaunt.

»Weil jetzt Passionszeit ist«, antwortet Sonja. »Wir wollen uns besonders daran erinnern, wie Jesus für uns gelitten hat. Wenn man auf etwas verzichtet, kapiert man das viel besser. Ich jedenfalls werde kein Abendbrot mehr essen.«

Da beschließen die anderen, auch auf etwas zu verzichten: Der Vater auf seinen Lieblingskrimi. Die Mutter auf Schokolade. Franz schreit, dass er auf seine Gummistiefel verzichten will. Und Marie? Sie überlegt lange. Ihr fallen nur Dinge ein, auf die man einfach nicht verzichten kann, zum Beispiel Kaugummi oder Nachtisch oder »Die Sendung mit der Maus«. Aber dann hat sie doch eine Idee: »Ich verzichte auf mein Fahrrad. Ich gehe zu Fuß zur Schule!«

Dafür muss sie jeden Morgen früher aus dem Haus. Und das macht sie auch. Sie geht die Tulpenstraße hinunter, biegt dort um die Ecke und wandert dann die lange Hauptstraße entlang bis ganz zum Ende. Dort ist die Schule. Es dauert fünfzehn Minuten – jeden Morgen! Und jeden Morgen denkt sie auf dem Weg zur Schule, dass Ostern mit jedem Schritt näher kommt. Auf dem Fahrrad hätte sie das nicht so gemerkt. Das gefällt Marie.

Die anderen Kinder sausen mit ihren Rädern an ihr vorbei. Carita, ihr Freundin, ruft am ersten Tag: »Ist dein Rad kaputt?« Da muss Marie ihr alles erklären. Aber Carita versteht das nicht. »Das ist doch Jesus egal, ob du mit dem Rad zur Schule fährst oder zu Fuß gehst!«, meint sie und will Marie dazu überreden, doch wieder mit ihr zusammen zu radeln.

Aber Marie schüttelt den Kopf. »Das ist Jesus gar nicht egal, was ich tue«, sagt sie. Außerdem ist bald Ostern – dann wird das Fahrradfahren wieder erst recht viel Spaß machen! Nein, sie wird nicht aufgeben. Das tun die andern auch nicht!

Sonja isst kein Abendbrot mehr. Der Mutter gefällt das gar nicht so gut. Sonja sieht blass aus.

»Sonja«, sagt die Mutter, »iss doch eine Scheibe Brot.«

Aber Sonja verzichtet. Sie verzichtet jeden Abend. Sie nagt dann nur an einer Möhre wie ein Häschen. Wenn die Mutter deshalb mit ihr schimpft, sagt Sonja: »Lass mich!«

»Warum bist du so sauer?«, fragt Franz seine große Schwester.

Da rennt Sonja hinauf in ihr Zimmer und knallt die Tür zu.

Die Mutter geht hinterher und klopft bei Sonja an. »Was ist los, mein Kind?«, ruft sie besorgt.

Marie und Franz stehen hinter ihr und hören ein lautes Schluchzen aus dem Zimmer. Sonja weint!

Nach einer Weile öffnet sie die Tür mit roten Augen und roter Nase. »Ich bin einfach viel zu dick!«, sagt sie und schaut zu Boden. »Ich möchte auch so toll dünn sein wie Gabi und Melanie. Aber ich schaff es nicht! Nachts esse ich zwei Tafeln Schokolade.«

Sie gehen alle zusammen in die Küche. Die Mutter kocht Kakao mit Schlagsahne und füllt die Becher.

»Du bist doch gar nicht viel zu dick«, sagt Marie zu Sonja.

Sonja zuckt mit den Schultern. »Aber eben nicht so dünn wie Gabi und Melanie«, seufzt sie und nimmt einen großen Schluck Kakao.

»Du bist Sonja und ganz genau richtig«, sagt die Mutter.

»Das finde ich auch, jawoll!«, brummt da plötzlich eine tiefe Stimme. Das ist der Vater, der eben nach Hause kommt.

»Aber«, meint Sonja mit gerunzelter Stirn, »aber ich habe die ganze Zeit nur auf das Essen verzichtet, weil ich dünner werden wollte. Jesus und die Passionszeit – das alles war mir dabei eigentlich schnurzpiepegal.«

»Deshalb hast du immer so ein finsteres Gesicht gemacht«, sagt die Mutter. »Du hattest gar kein frohes Herz dabei!«

»Dann hat das Verzichten keinen Sinn.« Der Vater zieht Sonja an ihrem Pferdeschwanz.

»Und was soll ich jetzt tun?«, fragt Sonja.

Die Mutter holt ein dickes Stück Käse aus dem Kühlschrank und legt es vor Sonja auf den Tisch. »Essen«, lacht sie.

Marie stützt die Ellenbogen auf den Tisch und sieht ihrer großen Schwester zu, wie sie in den Käse beißt. Sonja hört auf zu verzichten, das sieht man ganz deutlich. Sie kaut und kaut mit vollen Backen. Und es gefällt ihr, das sieht man auch ganz deutlich. Sie macht kein finsteres Gesicht mehr.

Und Marie? Fährt sie am nächsten Morgen wieder mit dem Fahrrad zur Schule? Nein, sie steht wieder früh auf und geht zu Fuß. Manchmal rennt sie sogar. Und dabei kommt es ihr so vor, als würde sie auf den Ostertag zurennen und als würde Gott dort schon auf sie warten. Marie findet das Verzichten spannend.

Und Franz? Der schlurft dort hinten beim Fußballplatz in seinen Gummistiefeln durch eine große Pfütze.

Tante Usch und ihr Einbrecher

Tante Usch liegt im Krankenhaus. Sie ist mitten in der Nacht aufgewacht, weil ihr Bauch so wehtat. Und dann hat sie keine Luft mehr bekommen. Da ist ihr angst und bange geworden und sie hat Maries Eltern angerufen mit dem Handy, das nachts immer neben der Leselampe auf dem Nachttisch liegt. »Wer weiß, in welcher dunklen Nacht ich es einmal brauche«, hat sie immer gesagt. »Vielleicht besucht mich ja einmal ein Einbrecher und ich muss die Polizei rufen, und da will ich nicht erst durch die ganze Wohnung stolpern und das Ding suchen müssen. Bis ich dann mein Handy gefunden habe, hat mir der Einbrecher schon die halbe Wohnung ausgeräumt. Nee, nee, nicht mit mir!«

Und dann ist diese dunkle Nacht gekommen. Aber der Einbrecher ist nicht gekommen, nur das Bauchweh. Und Maries Eltern, die im Bademantel zu Tante Usch hinübergelaufen sind. Und dann ist ein Wagen mit Blaulicht in die Tulpenstraße gerast. Aber die Polizei war das nicht, sondern der Krankenwagen. Der hat Tante Usch schnell ins Krankenhaus gebracht. Dort liegt sie jetzt und ist mit lauter Schläuchen an Apparaten festgebunden.

Marie und Sonja bringen ihr ein paar lila Kro-

kusse mit, als sie zu Besuch kommen. »Schau mal, Tante Usch«, sagt Marie, »die Krokusse passen genau zu deinen Haaren mit dem lila Schimmer!«

»Danke, ihr Mäuse«, sagt Tante Usch mit einer Stimme, die klingt, als müsste sie einen hohen Berg hinaufklettern. »Stellt die Blümchen in das Zahnputzglas. Das brauche ich nicht mehr.«

Sonja holt das Glas aus der Waschecke, füllt es mit Wasser und stellt die Krokusse hinein.

»Willst du dir denn nie mehr die Zähne putzen?«, fragt Marie und bekommt ein bisschen Angst. Warum sagt Tante Usch so etwas bloß?

»Zähne habe ich schon lange keine mehr. Nur noch ein Gebiss!« Tante Usch zieht die Lippen hoch und zeigt es den beiden Mädchen. »Das hat ausgedient, das alte Ding.«

Marie und Sonja setzen sich rechts und links auf die Bettkante. Tante Usch hat ein sehr weißes Gesicht. Wenn sie einatmet, rasselt es leise in ihr.

»Das ist mein Wecker«, sagt sie, »hört ihr

ihn? Der weckt mich, damit ich meinen Einbrecher nicht verpasse!«

Was redet Tante Usch denn da? Was für einen Einbrecher meint sie nur? Marie und Sonja schauen sich ratlos an. Marie legt ihre Hand auf Tante Uschs Arm. Der liegt auf der Bettdecke und ist so weich wie Kuchenteig. »He du«, sagt sie und ruckelt ein bisschen daran, »ich versteh dich nicht.«

»Ach, Mäuse, mein Einbrecher, das ist einer, den muss ich reinlassen, ob ich will oder nicht. Da hilft kein Handy und keine Polizei, der kommt einfach rein in mein altes Leben und will es mir klauen.« Tante Usch hat wieder diese Bergsteiger-Stimme. Sie hat große Mühe, all die Worte hinauf- und hinunterzusteigen.

Marie beißt sich auf die Lippen. Sonja flüstert ihr ins Ohr: »Ich glaube, Tante Usch meint den Tod.«

»Den Tod?«, flüstert Marie zurück.

»Ja, genau den meine ich.« Tante Usch hat noch gute Ohren. Sie hat alles gehört. »Genau den alten Einbrecher Tod! Der will mein altes Leben klauen, jaja.«

Marie schaut Tante Usch erschrocken in ihr runzliges Gesicht. »Das darf er aber nicht!«, ruft sie und haut mit der Hand auf die Bettdecke. »Das darf er nicht!«

Sie starrt mit großen Augen aus dem Fenster. Dort unten liegt die Stadt mit ihren Häusern und Geschäften. In der Ferne fliegt ein Hubschrauber. Die Wolken ziehen grau am Himmel entlang. Die Stadt, der Hubschrauber, die Wolken – sie lassen sich nicht stören von einer lieben alten Tante Usch, die hier im Bett liegt und sehr krank ist. So krank, dass – nein, Marie will nicht daran denken.

Aber Tante Usch will. Sie holt tief Luft, der Wecker in ihr rasselt, und sie sagt: »Mäuse, ich habe lange nachgedacht über diesen Einbrecher. Und wisst ihr was? Ich mag ihn nicht, nein, ich mag ihn gar nicht. Aber wenn er dann kommt, dann kriegt er mein altes Leben. Das Gebiss und meinen kranken Bauch und all das. Und wisst ihr noch was? Mein neues Leben – das kriegt er nicht!« Und jetzt kichert Tante Usch, als hätte sie gerade ihren Witz von der Tüte erzählt.

Sonja kichert gleich mit. Aber Marie nicht. Sie weiß einfach nicht, was sie von dieser Tante Usch halten soll. Zuerst redet sie so grauselige Dinge und dann liegt sie da und lacht. Und immerzu rasselt dieser Wecker tief in ihr drin!

Da geht die Tür auf und eine Krankenschwester kommt herein. Sie macht ein ernstes Gesicht und schickt Sonja und Marie nach draußen auf den Flur. Dort stehen sie und warten, was jetzt geschieht. Eine große Uhr hängt an der grünen Wand. Der Sekundenzeiger tickt viele Runden, bis die Tür wieder aufgeht und die Schwester herauskommt.

»Ihr könnt jetzt noch kurz Auf Wiedersehen sagen«, sagt sie, »aber dann müsst ihr gehen. Sie muss jetzt schlafen.«

Als Marie sich über Tante Usch beugt und ihr einen Kuss auf die Wange geben möchte, brummt diese: »Denk dran, Marie: Wenn ich sterbe, dann geht mein altes Leben koppheister übern Balkon! Aber mein neues Leben, das fängt erst an. Hat Gott mir gesagt!«

Tante Uschs Wange ist noch weicher als Kuchenteig. Maries Kuss sinkt tief hinein wie in ein Kissen. »Bis morgen, Tante Usch!«, flüstert Marie und in ihrem Hals steckt auf einmal ein großer Kloß.

Bis morgen, hat Marie gesagt. Der Morgen ist blank und frisch. Die Sonne scheint. Die gelben Osterglocken leuchten. Aber Marie weint. Tante Usch ist heute Nacht gestorben. Tante Usch kann die Anemonen nicht mehr sehen, nicht die Knospen am Fliederbusch, sie kann nicht mehr an der Hyazinthe riechen. Ihre Augen sind tot, ihre Nase ist tot, ihr weicher Kuchenteig-Arm ist tot. Sie kann den Witz von der Tüte nicht mehr erzählen und nicht mehr wackeln, wenn sie darüber lacht. Sie kann kein altes Jahr mehr koppheister über den Balkon schmeißen. Der Einbrecher Tod ist gekommen und hat ihr altes Leben geklaut.

Marie weint immer noch. Die liebe Tante Usch!

Heute ist Karfreitag. Der Tag, an dem Jesus starb. Die Kirchenglocken läuten. Marie hält die Hand der Mutter ganz fest, als sie in den Gottesdienst gehen. Die Orgel spielt ein schweres lautes Lied. Der letzte Ton dauert sehr lang. Er hört fast gar nicht auf. Aber dann geht der Orgel doch endlich die Puste aus und jetzt ist es ganz still in der Kirche.

Der Pfarrer sagt, dass Jesus für alle Menschen gestorben ist. Das weiß Marie schon lange. Sie schaut auf ihre neuen Schuhe. Die sind schick! Sonja neben ihr laufen die Tränen über die Nase. Die Mutter gibt ihr ein Taschentuch.

Dann sagt der Pfarrer, dass Jesus für alle ein neues Leben erkauft hat. Und dass das sehr viel gekostet hat. Es ist sehr teuer und kostbar, dieses neue Leben. Das liegt daran, dass es ewig ist. Es ist ein ewiges Leben bei Gott.

Marie schließt die Augen und versucht sich das ewige Leben vorzustellen. Ewig, eewig, eeeewig, flüstert sie vor sich hin. Aber es geht nicht. Das Wort hört immer auf und Marie findet immer nur ein Ende in ihrem Kopf.

Dann denkt sie an Tante Uschs Gebiss. Das hat jetzt der Einbrecher Tod. Und ihren kranken Bauch hat er auch. All das alte Zeug hat er. Und Tante Usch? Marie sieht sie vor sich mit ihrem lila Schimmer auf den Haaren. Und plötzlich ist da kein Ende mehr in Maries Kopf, sondern eine Tante Usch mit einem ganz neuen Leben. Mit neuen Zähnen und einem neuen Bauch. Und dieser Bauch wackelt, weil Tante Usch lacht. Sie lacht, weil sie bei Gott ist.

Tante Usch geht es jetzt gut, denkt Marie, eeeewig gut.

Die Frohe-Ostern-Idee

Und plötzlich ist Ostern. Marie hätte es fast vergessen. Denn gestern hat sie den ganzen Tag mit Carita auf dem Dachboden verbracht. Sie haben dort oben durch die Fensterluke in die Ferne geschaut bis weit über die Kartoffelfelder, sie haben gesehen, wie der Postbote unten auf der Tulpenstraße fast vom Rad gekippt wäre, weil ihm ein Fußball in die Quere kam, sie haben beobachtet, wie die blinde Frau am Arm von Herrn Kleber spazieren ging und wie Caritas Bruder Alfi mit seinem roten Mofa abgedüst ist. Erst als der Vollmond ihnen beinahe in die Luke geplumpst wäre, ist Marie nach Hause gegangen. Und an Ostern hat sie da gar nicht gedacht. Sie hat noch einen Kakao getrunken und ein Wurstbrot gegessen und ist dann ins Bett gegangen.

Aber als sie am nächsten Morgen ihre Augen aufmacht, da weiß sie es sofort: Heute ist Ostern!

Wie ihr das so rasch eingefallen ist? Liegen da etwa hundert Ostereier auf ihrer Bettdecke herum? Nein, nicht ein einziges liegt da herum. Die muss sie ja alle erst noch suchen! Es ist ganz einfach: Der Osterhase selbst sitzt bei ihr am Fußende auf dem Bett! Es ist ein ziemlich großer Osterhase. Er hat zwei weiße lange Plüsch-Ohren, ach: Löffel nennt man sie doch, das weiß Marie längst, also: er hat zwei lange weiße Plüsch-Löffel, die von seinem Kopf abstehen, und dieser Kopf hat ein Gesicht, und dieses Gesicht gehört einem gewissen Franz. Und dieser gewisse Franz hüpft jetzt mit seiner Osterhasen-Plüsch-Löffel-Mütze auf Maries Bettdecke auf und ab und tut so, als sei er der hüpfigste Osterhase auf der ganzen Welt. Klar weiß Marie sofort, dass heute Ostern ist!

»Wetten, dass ich beim Ostereier-Werfen heute der Beste bin!«, ruft Franz.

»Um was wetten wir?«, fragt Marie und setzt sich auf. Franz kann nicht so weit werfen wie sie, das weiß Marie, dazu ist er einfach zu klein und sein Arm zu kurz. Niemals kann er diese Wette gewinnen. Also lohnt es sich, mit ihm zu wetten! Denn sie wird gewinnen, haha!

»Ich gewinne und kriege dann dein größtes Schoko-Ei«, sagt Franz und fügt hinzu: »Und das zweitgrößte auch noch.«

»Und umgekehrt, wenn ich gewinne!« Marie reicht ihrem Bruder die Hand, er schlägt ein: Die Wette gilt.

»Haha!«, lacht Franz und klatscht begeistert in die Hände: »Ich habe nämlich geübt! Mit Steinen. Ich habe jeden Tag auf dem Fußballplatz Werfen geübt. Und du nicht!« Man sieht seinem Osterhasen-Gesicht an, dass er genau weiß, wer hier der Beste sein wird ...

Marie nagt ein bisschen verwirrt an ihrer Unterlippe. Franz wird doch nicht gegen sie gewinnen? Nie im Leben, denkt sie und springt aus dem Bett.

Zuerst einmal müssen sie ja ihre Ostereier suchen. Und dann natürlich auch finden. Das tun

sie alle zusammen nach dem Ostergottesdienst im Garten.

Der Vater ist ein sehr guter Ostereier-Verstecker, aber Sonja, Marie und Franz haben noch viel bessere Ostereier-Finde-Augen, und als das Mittagessen fertig ist, liegen in ihren drei Körbchen viele leckere Schoko-Eier und für jeden drei gekochte, bunte Hühnereier zum Werfen.

Doch dann, gleich nach dem Essen, als die Eltern einen Mittagsschlaf machen und Sonja sich mit Gabi trifft, gehen Marie und Franz nach draußen auf den Fußballplatz. Die Körbchen nehmen sie mit. In der Mitte des Rasenplatzes ist eine weiße Linie aus Kreide gezogen, die Mittellinie. Ab dort wird gemessen, wie weit das Ei geflogen ist. Das Beste ist, man nimmt einen tollen Anlauf, stoppt genau an der

Mittellinie und schleudert das Ei dann weg, so weit es nur geht.

»Ich fang an!«, schreit Franz. Er kann es wohl kaum erwarten, die Wette zu gewinnen. So schnell ihn seine kleinen Beine tragen, rennt er auf die Mittellinie zu und wirft sein gelbes Hühnerei weit fort. Jeder, vor allem Marie, kann sehen, dass er gut geübt hat. Das Ei landet irgendwo weit hinten. Franz jubelt so laut, als hätte er die Wette bereits gewonnen.

Aber jetzt ist Marie an der Reihe. Mit aller Kraft wirft sie ihr blaues Ei, so weit es nur geht. Franz und sie rennen los und schauen nach, wo die Eier im Gras liegen. Welches ist am weitesten geflogen – das gelbe oder das blaue? Franz stößt einen Schrei aus, als hätte ihn ein Walross aufgespießt. Denn tatsächlich: Das gelbe Ei hat gewonnen – seins! Aber noch ist der Wettkampf nicht beendet. Zwei Eier haben sie beide noch zu werfen.

Jetzt macht Marie den Anfang. Sie wählt das lila Ei und nimmt einen besonders langen Anlauf auf die Mittellinie zu. Und ab die Post! Das

Ei fliegt prima durch die Luft und plumpst auf den Rasen.

Und jetzt Franz, sein Ei ist grün und fliegt auch nicht schlecht, aber ein bisschen komisch ist dieses grüne Osterei doch, denn es hat viel zu schnell genug vom Fliegen, es landet einfach viel zu früh. Und jetzt ist es Marie, die laut jubelt. Ihr lila Ei hat ganz klar gesiegt.

Franz zieht seine weißen Plüsch-Löffel vor die Augen. Er will wohl nicht sehen, dass er gerade verloren hat. »So ein Mist, so ein Osterhasen-Mist!«, ruft er.

Es steht 1 : 1, und jetzt kommt der letzte Wurf, der alles entscheidet.

Marie und Franz gucken sich knapp und streng aus den Augenwinkeln an, wie Feinde das so machen. Franz hüpft vor Aufregung auf der Stelle, sein letztes heiles Ei in der Hand, es ist das pinkfarbene. Bestimmt hat er es extra für die letzte Runde aufgehoben, denn es leuchtet so grell wie ein richtiges Siegerei.

Marie nagt an der Unterlippe, wie vor Mathearbeiten, und sie nimmt das rote Ei, ihr schönstes. Rot wie die Liebe, hat Tante Usch immer gesagt. Rot ist ihre Lieblingsfarbe – und das bringt sicher Glück.

Plötzlich hören sie Beifall vom Rand des Fußballplatzes. Dort stehen Herr Kleber und die blinde Frau. Sie hat sich bei ihm eingehängt. Herr Kleber winkt ihnen zu, und die blinde Frau ruft: »Wir gucken euch zu! Ich sehe alles mit Harrys Augen!« Herr Kleber nickt eifrig und strahlt über das ganze Gesicht. »Und ich sehe jetzt alles zweimal so gut wie sonst!«, schreit er.

Franz schält seine beiden aufgeplatzten Ostereier, das gelbe und das grüne, und isst sie auf. Marie schaut ihrem Feind dabei zu, wie er kaut und dabei auf das pinkfarbene Siegerei starrt, das vor ihm im Gras liegt. Sie denkt: Jetzt hat Franz einen so vollen Bauch, dass er nicht mehr so gut Anlauf nehmen kann. Ich werde die Wette gewinnen!

Und los geht's!

Franz rennt und wirft und das Ei saust durch die Luft, immer weiter, so weit hat er noch nie in seinem Leben geworfen. Plumps – das war

ein toller Wurf, so sieht ein Siegerwurf aus, wie denn sonst? Franz reckt die Arme in die Luft und zieht eine Siegergrimasse. Herr Kleber erzählt alles der blinden Frau und dann klatschen die beiden heftig in die Hände und rufen: »Bravo, Franz!«

Da läuft Marie auch schon los und schleudert ihr rotes Ei in die fernste Ferne. Es fliegt und fliegt, als hätte es Flügel, und landet erst, als es genau weiß, dass es das pinkfarbene Ei dort unten längst überholt hat. Marie gewinnt die Wette! »Jaaaa!«, schreit sie und rennt schnell zu ihrem Superei, das prächtig und rot wie die Liebe im Gras liegt.

Herr Kleber und die blinde Frau klatschen noch heftiger als vorher, winken mit beiden Armen und rufen: »Bravo, Marie!«

Franz steht da wie ein Osterhase im Gewitter und ist so weiß im Gesicht wie seine Plüsch-Löffel.

Herr Kleber kommt mit der blinden Frau am Arm herüber und sagt: »Kopf hoch, Franz, nächstes Ostern gewinnst du!«

Aber Franz schreit: »Ich will nie wieder

Ostereier-Werfen! Nie wieder so eine dämliche Wette abschließen, schon gar nicht mit Marie!« Marie ist stolz wie sonst was, mit ihrem roten Siegerei in der Hand, das noch nicht einmal richtig kaputtgegangen ist beim Landen im Gras.

»Es hat nur einen einzigen Sprung in der Schale abbekommen!«, ruft sie. »Und jetzt krieg ich die beiden Schoko-Eier von dir, Franz.«

Franz muss sie ihr geben. Er kann gar nicht hingucken und hat schwer mit den Tränen zu kämpfen.

Und als Marie seine beiden besten Schoko-Eier dann auch noch direkt vor seinen Augen sofort aufisst, da dreht Franz sich schnell um und läuft davon. Marie blickt ihm ganz verdutzt nach.

»Frohe Ostern«, sagen Herr Kleber und die blinde Frau wie aus einem Mund.

»Frohe Ostern«, murmelt Marie, aber ganz froh fühlt sie sich nicht.

Sie nimmt ihr Osterkörbchen mit all den Eiern und besucht Carita. Sie hat aber keine Lust, ihr von der Wette mit Franz zu erzählen. Warum, weiß sie auch nicht. Die beiden steigen wie gestern hinauf auf den Dachboden, schauen aus der Dachluke hinaus und essen alle Ostereier auf, die sie haben. Nur ihre beiden größten Schoko-Eier hebt Marie noch ein bisschen auf und das rote Siegerei auch.

Dort unten auf der Tulpenstraße kommt Alfi und steigt auf sein rotes Mofa. Rot wie die Liebe, denkt Marie.

Alfi braust davon.

Jetzt kommt ein Osterhase auf dem Gehweg entlanggebummelt, einer mit weißen Plüsch-Löffeln auf dem Kopf. Sogar von hier oben kann Marie sehen, dass dieser Osterhase nicht besonders hüpfig ist, nicht mehr so wie heute Morgen auf ihrer Bettdecke. Er hat einen Zweig in der Hand und schlägt damit gegen die Straßenlaternen.

Da hat Marie eine Idee. Eine richtige Frohe-Ostern-Idee. Eine Frohe-Ostern-Idee ist eine, die die Menschen glücklich macht. Eine, die alles vergibt und vergisst, was vorher war. Weil Jesus auferstanden ist und lebt und sich freut, wenn Franz sich freut. So eine Idee hat Marie jetzt.

Sie nimmt die beiden Schoko-Eier aus ihrem Körbchen, rennt schnell die Treppen hinunter, vorn aus dem Haus und versteckt sich hinter der Gartenhecke. Von hier wirft sie das zweitgrößte Ei auf den Gehweg.

Marie kann gut werfen, das hat man ja gesehen, und nicht nur sehr weit, sondern auch sehr genau. Das Ei landet ganz in der Nähe des Osterhasen.

Der schlägt noch immer auf die Straßenlaternen ein. Er geht langsam auf das Ei zu. Er sieht es noch nicht.

Da wirft Marie ihr größtes, bestes Schoko-Ei. Es kullert dem Osterhasen direkt vor die Füße. Er bleibt stehen, bückt sich und hebt es auf. Jetzt entdeckt er auch das andere Ei in der Nähe.

Marie beobachtet, wie er sich umschaut und überhaupt nicht weiß, woher diese Eier gekullert kommen. Sie kichert leise. Der Osterhase wirft den Zweig weg und rennt nach Hause, ganz hüpfig und froh.

Und auch Marie fühlt sich so, hüpfig und froh, wie der Mops im Haferstroh.

In ihrem Körbchen liegt jetzt nur noch ein Ei, das Siegerei, rot wie die Liebe.

Maries Ecke

Marie sitzt auf ihrem nigelnagelneuen Schlitten oben in ihrem Zimmer und isst eine Birne. Ach, dieser Schlitten – kein einziges Mal in diesem Jahr ist er den Berg hinuntergesaust! Die Wolken haben in diesem Jahr wirklich kein bisschen Schnee hingekriegt, nur ab und zu diesen Haferflockenmatsch. Inzwischen glaubt der arme Schlitten schon, er sei wirklich ein Boot. Und jetzt ist draußen der Frühling gekommen. Der Schlitten hat einfach keine Chance mehr, zu einem richtigen Sause-Schlitten zu werden.

Die Sonne lässt einen warmen Strahl durchs Fenster hinein. Der Strahl ist wie eine Rutschbahn: Auf einmal rutscht da der Frühling vom Himmel herunter auf Maries Nase. Und gleich hinterher rutscht der erste Frühlingswunsch in

Maries Herz: Ich bau mir eine Ecke! Das ist ein pfiffiger Wunsch, einer, den sie sich selbst erfüllen kann. Sie braucht nur den Frühling und den Schlitten dafür.

Marie nimmt den Birnenrest zwischen ihre Zähne und den Schlitten auf den Rücken und geht in den Garten hinaus. Eine Weile steht sie dort unter dem Pflaumenbaum und schaut sich um. Über ihr in den weißen Blüten summt es, die Hummeln brummeln herum.

»Der Flieder blüht wieder, der Flieder blüht rot, der Flieder blüht lila, der Winter ist tot!«, singt Marie und schleppt den Schlitten in die hinterste Gartenecke. Irgendwie sagt ihre Nase: Geh dahin, das ist eine gute Ecke! Und ihre Füße sagen: Zieh die Strümpfe endlich aus! Ecken baut man barfuß! Und ihre Hände tun sofort, was die Füße sagen. Marie hängt die Strümpfe über den Fliederbusch. Das Gras unter den Fußsohlen ist kühl und glatt und herrlich grasig. Das liebt Marie!

Zwischen dem Gartenzaun und dem Fliederbusch ist die geheime Ecke und sie ist wirklich sehr gut. Sie ist nur gerade so groß, dass der

Schlitten dort hinpasst und man dort bequem sitzen kann, wenn man den Kopf ein bisschen unter dem Fliederzweig einzieht. Und das Beste ist: Sie ist geheim. Solche Ecken müssen geheim sein. Nur ein einziger Mensch darf von ihr wissen und das ist die Eckenbesitzerin selbst. Nur sie bestimmt über die Ecke und wer eingeweiht wird in ihr Geheimnis. Wer hier auf dem Schlitten sitzen darf und wer nicht. Franz jedenfalls nicht. Und Sonja auch nicht. Die will sowieso nicht. Was die will, weiß keiner mehr, jedenfalls passt Sonja gar nichts mehr, sie nörgelt so oft an Marie herum.

Nein, hier in dieser schönen Ecke wird Marie ganz allein sitzen und ihr Geheimnis hüten. Und keiner kann sie von außen sehen. Denn der Fliederbusch hält dicht! Er ist eine prächtige Eckenmauer und duftet lila.

Marie sitzt dort und riecht den Duft und besieht sich ihre Füße. Sie sehen noch so nach Winter aus. Dann hat sie Hunger. In so einer Ecke muss man immer etwas zu essen dahaben. Und zu trinken natürlich auch. Also kriecht Marie aus ihrer Ecke heraus und läuft schnell in die Küche. Es ist gut, dass niemand da ist. Denn auch das Eckenessen muss geheim bleiben. Man muss es fast ein bisschen klauen, und viel muss es sein und lecker. Und man muss es ganz schnell holen. Das tut Marie. Sie packt das Nutellaglas und den Orangensaft, Kekse und zwei Äpfel in eine Plastiktüte, aber das reicht alles noch nicht, sie braucht auch noch das große Vanillejogurt und ein paar dicke Mohrrüben für ihren Eckenhunger. Und jetzt eine Holzkiste. Die findet sie im Keller. Wunderbar, die Holzkiste wird ihr Tisch!

Marie rennt wieder in ihre Ecke und deckt

den Tisch mit all den leckeren Sachen. Und dann fängt sie auch schon an zu essen. Es schmeckt hier draußen unter dem Flieder viel besser als sonst. Es schmeckt geheim und nach Frühling.

»Marie!«, ruft eine Stimme vom Haus her. »Marie!«

Das ist Carita. Was ist mit Carita? Darf sie von der Ecke wissen?

Sie darf, beschließt Marie. Die beste Freundin darf sogar mit in die Ecke und auf dem Schlitten sitzen. Dadurch wird das Geheimnis nämlich umso geheimer! Weil man es nur mit einer einzigen Person teilt. Die darf es dann aber auf gar keinen Fall weitersagen. Das ist klar. Aber Carita hält genauso dicht wie der Fliederbusch, das weiß Marie. Carita sagt Geheimnisse niemals weiter, sie ist eine sehr gute Freundin.

Marie fängt an ein Lied zu summen: »Kommt ein Vogel geflogen, setzt sich nieder auf mein' Fuß ...«, summt sie. Das ist das Erkennungslied von Carita und Marie. Wenn eine von den beiden das singt oder summt und die andere hört es, dann weiß die, dass sie herkommen soll, und zwar schnell.

Carita steht auf der Terrasse und spitzt ihre Ohren. Dann läuft sie in die richtige Gartenecke und findet Marie hinter dem Fliederbusch. Natürlich sieht sie sofort, dass dies eine sehr schöne und sehr geheime Ecke ist und dass es hier auch etwas zu essen gibt. Marie gibt ihr eine Mohrrübe und zeigt ihr, wie man sie in das Vanillejogurt tunkt.

»Ich habe ein Schwesterchen bekommen!«, sagt Carita und beißt in die Vanille-Möhre.

»Oh wie süß!«, ruft Marie. »Ich möchte es sehen!«

Carita nickt mit leuchtenden Augen. »Meine Mama kommt heute Abend schon wieder aus dem Krankenhaus. Ich war vorhin mit Papa und Alfi dort und habe die Kleine gesehen. Judith heißt sie. Sie ist so groß wie unsere Suppenkelle.«

Marie und Carita sitzen den ganzen Nachmittag in der Ecke. Sie essen das ganze Eckenessen auf. Zwischendurch stecken sie ihre Nasen tief in die Fliederblüten und machen »oh«

und »ah«, weil es so wunderbar duftet. Das frische Gras unter ihren nackten Füßen erzählt ihnen von den warmen Tagen, die nun kommen werden. Vom Freibad, das bald aufmachen wird, vom Eisessen, von den heller werdenden Abenden und den Schwalben, die wie die Düsenjäger durch die Lüfte sausen und dabei so einzigartig sirren. Und dass die kleine Judith nun auf die Welt gekommen ist – »Das ist das Beste, was uns passieren konnte, hat Alfi gesagt, und ich bin jetzt nicht mehr das kleinste Kind in der Familie, sondern das mittlere. Genau wie du!«, sagt Carita zu Marie und Marie nickt geheimnisvoll. Carita wird schon sehen, wie das ist!

Am Abend geht Marie mit Carita zu ihr nach Hause. Caritas Vater öffnet die Tür. »Das kleine Goldstück liegt im Wohnzimmer«, sagt er. Sonst ist er immer so ernst, dass Marie fast ein bisschen Angst vor ihm hat. Er raucht so viel und schimpft über seinen Chef und die Politiker und über all die Leute, die nicht auf ihn hören wollen. Alfi zum Beispiel, der will auch

nicht auf ihn hören. Über Alfi schimpft er am meisten. Er raucht und raucht und schimpft und Marie geht immer ganz schnell an ihm vorbei, wenn sie Carita besucht.

Aber heute ist es anders. Er sagt: »Das kleine Goldstück liegt im Wohnzimmer«, und er raucht nicht.

Auf der Couch schläft Caritas Mutter. Und vor dem Fenster auf dem Teppich steht ein großer Wäschekorb. Leise hocken sich die beiden Mädchen davor und schauen hinein.

»Das ist sie!«, flüstert Carita stolz.

Unter dem dicken weißen Kissen ist ein winziges Menschenkind zu sehen, ein Kopf und eine Faust, mehr nicht, aber das reicht schon zum Staunen. Das kleine Goldstück bewegt sich jetzt, es öffnet den Mund, als wollte es etwas sagen, und schließt ihn wieder. Marie streichelt Judith über den Kopf. Der fühlt sich ein bisschen an wie Sonjas Hamster.

Caritas Vater teilt ihnen in der Küche Eis aus. Alfi ist auch da. Sie sitzen alle am Küchentisch und flüstern, damit die Mutter und Judith nicht aufwachen. Caritas Vater schimpft nicht mit Alfi und raucht noch immer nicht.

Das Küchenfenster steht weit offen und draußen zwitschern die Vögel ein Abendlied.

Heute ist ein besonderer Tag, denkt Marie auf dem Heimweg. Ich habe eine Ecke gebaut und Judith ist geboren.

Da merkt sie, dass sie immer noch barfuß ist, und fängt an zu rennen vor Glück.

Pfingsten - und lauter Wunder

Eines Abends klingelt es an der Tür. Die Mutter geht hin, öffnet, und wer steht da? Herr Kleber. Herr Kleber hat eigentlich keinen Hut. Aber heute trägt er einen.

»Guten Abend, Herr Kleber«, sagt die Mutter, »Sie haben da aber einen schönen Hut!«

Da nimmt Herr Kleber seinen Hut ab, streicht mit der Hand darüber und sagt: »Ja, das ist mein neuer Hut. Denn ich dachte mir, wer heiratet, der braucht einen Hut.«

»Oh!«, ruft die Mutter überrascht und schlägt die Hände mit einem so lauten Klatsch zusammen, dass Marie und Sonja herbeigelaufen kommen, weil sie sehen wollen, was los ist. Die Mutter dreht sich zu ihnen um. »Kinder, Herr Kleber heiratet!«

»Margarete«, sagt Herr Kleber.

Margarete, so heißt die blinde Frau, das weiß inzwischen jeder in der Tulpenstraße.

»Die Eheringe habe ich schon.« Herr Kleber klopft an seine Hosentasche. »Aber was mir fehlt, das ist ein Garten.« Er schweigt und schaut auf seinen Hut.

Jetzt gehen sie erst einmal alle ins Wohnzimmer und setzen sich. Franz spielt draußen, das ist deutlich zu hören.

»Margarete liebt Gärten«, erzählt Herr Kleber, »und deswegen möchten wir unser Hochzeitsfest in einem Garten feiern. Zuerst habe ich ja gedacht, wir könnten den Fußballplatz nehmen, aber der ist ein bisschen zu groß.«

»Unser Garten wäre doch genau der richtige«, sagt da die Mutter, »finden Sie nicht?«

»Oh ja, genau das finde ich auch!« Herr Kleber sieht sie begeistert an, fast so, als sei sie Margarete.

Und so machen sie einen Plan: An Pfingsten soll die Hochzeit sein und gefeiert wird bei Maries Familie im Garten hinterm Haus. Und die ganze Tulpenstraße ist eingeladen!

Sonja sagt: »Ich werde mein Tanzkleid von Sylvester anziehen.« Dann eilt sie zu Gabi, um ihr alles zu erzählen.

Herr Kleber setzt seinen Hut wieder auf und geht glücklich zu Margarete.

Marie und die Mutter fangen gleich an bunte Laternen und Girlanden zu basteln für das Fest. Sie basteln an diesem Tag und am nächsten und am übernächsten und dann haben sie so viel zusammen, dass sie den ganzen Garten schmücken können.

Als Franz von der Hochzeit hört, will er auch basteln. Er klebt kleine komische Monster aus schwarzer Pappe. Die sollen die Sahnetorten umzingeln.

Und wer backt diese Sahnetorten? Sonja und Gabi natürlich! Sie sind die besten Bäckerinnen der Tulpenstraße, finden sie, und hauen jedem auf die Finger, der Teig naschen will. Vor allem Marie.

Aber nicht nur Sonja und Gabi, auch Frau Schmidt und Frau Konrad und viele andere aus der Nachbarschaft backen: Erdbeerkuchen, Stachelbeerkuchen, Rhabarbertorte. Und Frau

Patronelli macht Rumkugeln. »Rumkugeln«, sagt sie mit rollenden Augen, »sind meine Spezialität.«

Herr Backeberg wird für die Musik sorgen. »Musik ist der beste Hochzeitskuchen«, meint er.

Die meiste Arbeit aber haben Herr und Frau Adir aus dem türkischen Laden. Denn Herr Kleber hat bei ihnen ein türkisches Festessen bestellt. Herr Adir besorgt frisches Hammelfleisch und vieles mehr und Frau Adir steht tagelang in ihrer Küche und brutzelt und kocht. Wenn Marie dort am Fenster vorbeigeht, bleibt sie stehen und schnuppert. Fremd und scharf riecht es – und gut!

Endlich ist Pfingsten, endlich ist Hochzeit! Die Kirchenglocken läuten, die Sonne scheint, der Wind weht und schüttelt die Blätter in den Pappeln. Marie sitzt neben Sonja in der Kirchenbank und wartet mit allen aus der Tulpenstraße auf das Brautpaar. Da kommt es! Herr Kleber trägt seinen neuen Hut und auch Margarete hat einen Hut auf, einen großen weißen Strohhut mit weißen Rosen darauf, dazu ein langes weißes Kleid. Sie lächelt nach allen Seiten und es kommt Marie so vor, als würde sie alle genau sehen können.

Der Pfarrer erzählt, dass an Pfingsten der Heilige Geist zu den Menschen gekommen ist. Der Heilige Geist öffnet die Herzen und Augen, damit sie sehen können, wie Gott sie liebt. Das ist ein Wunder, sagt er.

Als das Brautpaar am Schluss wieder durch den Mittelgang der Kirche hinausgeht, passiert etwas. Margarete geht ganz langsam an Herrn Klebers Arm, wieder lächelt sie nach allen Seiten, ja, sie lächelt ganz verheiratet unter ihrem Rosenhut hervor. Sie kommen an der Bankreihe vorbei, in der Franz sitzt. Franz, der nie still sitzen kann. Er hebt seinen Arm und winkt den beiden wie wild zu. Und da winkt Margarete zurück!

Marie stößt Sonja aufgeregt in die Seite und flüstert: »Guck mal, sie hat Franz gesehen!«

Sonja macht ganz große Augen, sie weiß gar nicht, was sie sagen soll, und das kommt selten vor. Wie kann das sein, dass die blinde Margarete Franz zurückwinkt?

Vielleicht hat Gott ein Wunder getan, überlegt Marie. Das muss sie sich genauer anschauen.

Als die ganze Hochzeitsgesellschaft dann zum Feiern in den Garten geht, lässt Marie die Braut keinen Moment aus den Augen. Der Garten ist geschmückt, überall hängen die Girlanden und Laternen. Die Tische sind festlich gedeckt und auf einer langen Tafel steht das türkische Essen schon in großen Töpfen und dampft. Kann Margarete dies alles sehen? Wie schön wäre es, wenn sie es sehen könnte!

Margarete steht da, schaut sich um und klatscht in die Hände. »Danke!«, ruft sie. »Das habt ihr alles wunderbar gemacht! Und wie gut es riecht!«

Marie beißt sich auf die Lippen vor Aufregung. Gott hat bestimmt ein Wunder getan! Margarete kann doch alles sehen, sie schaut doch so! Warum sagt sie es dann nicht? Vielleicht will sie, dass es noch ein Geheimnis bleibt, denkt Marie, so wie meine Ecke. Vielleicht hat sie es nur Herrn Kleber ins Ohr geflüstert. Marie findet, dass Herr Kleber anders als sonst aussieht. Seine Augen lachen. Er freut sich bestimmt, weil Gott ein Wunder getan hat und seine neue Frau nicht mehr blind ist.

Marie hat jetzt Hunger und isst und trinkt mit allen anderen. Sie sitzt neben Carita und Franz, Sonja sitzt bei Gabi und Alfi und Familie Konrad. Den ganzen Nachmittag feiern sie fröhliche Hochzeit. Herr Backeberg sorgt für die Musik, und Marie hat so viel Spaß, dass sie nicht mehr an das Wunder denkt.

Aber dann passiert wieder etwas.

Die Sahnetorten und Kuchenplatten werden aus der Küche herausgetragen und unter dem Pflaumenbaum auf den Tisch gestellt. Sonja und Gabi tragen kleine weiße Schürzen wie richtige Kellnerinnen aus dem Café. Sie schneiden jedem, der zu ihnen kommt, das gewünschte Tortenstück ab und passen gut auf, dass es gerade auf dem Teller steht und nicht

etwa umfällt. Dabei machen sie lustige Kellnerinnengesichter.

Marie hat sich gerade Erdbeerkuchen geholt, da hört sie eine Stimme rufen: »Mein lieber neuer Mann, bitte bring mir doch ein Stück Kuchen mit! Mit Erdbeeren!« Das ist Margarete. Sie sitzt an ihrem Platz, Herr Kleber steht vorn bei Sonja vor der Kuchentafel. Gleich wird er seiner Braut ein Stück bringen.

Aber Marie ist schneller. Sie läuft rasch zu Margarete und stellt ihren Teller vor ihr auf den Tisch.

»Danke, mein lieber neuer Mann«, sagt Margarete und tastet nach ihrer Kuchengabel.

Marie ist ganz enttäuscht. »Kannst du nicht wieder sehen?«, fragt sie leise.

Margarete hebt ihren Kopf mit dem Rosenhut. »Das ist doch die Stimme von der kleinen Marie, stimmt's? – Warum hast du denn gedacht, dass ich nicht mehr blind bin?«

»Weil heute doch Pfingsten ist und weil der Heilige Geist Wunder tut und weil du dem Franz in der Kirche zurückgewinkt hast!«, erzählt Marie.

»Gott tut Wunder, das ist wahr«, sagt Margarete. »Dieses Fest ist eins davon, und dass ich nicht mehr allein bin. Ich habe den Franz nicht gesehen, ich habe ihn gespürt.«

Herr Adir neben ihr brummt mit dem Mund voller Sahnetorte: »Durch das Fest haben wir genug Geld verdient, sodass wir endlich mal wieder in die Türkei fliegen können! Das ist auch ein Wunder.«

»Und meine Rumkugeln«, ruft Frau Patronelli, »die sind auch eins!« Und sie rollt mit den Augen.

»Kein Wunder, dass sie alle schon aufgegessen sind!«, lacht Herr Adir.

»Aber der Heilige Geist kann doch machen, dass du all das sehen kannst«, sagt Marie zu Margarete.

»Ja«, antwortet sie und nickt, »das kann er. Aber er tut es nicht immer. Und auch wenn ich blind bin, weiß ich, dass Gott mich liebt. Das ist ein Wunder.«

Jetzt läuft Marie in ihre geheime Gartenecke unter dem Fliederbusch und setzt sich dort auf ihren Schlitten. Sie schließt fest die Augen.

Blind, blind, blind, denkt sie mit aller Kraft. Sie hört die Musik und die Stimmen der Gäste. Herr Kleber erzählt gerade, dass sie morgen nach Helgoland auf Hochzeitsreise gehen werden. Marie riecht das Hammelfleisch bis hierher. Hinter ihren Augen leuchten grüne, gelbe und rosa Flecken. Da lacht Frau Patronelli laut. Marie fängt an zu kichern. Frau Patronelli, die lacht ja wie ein Truthahn!

Mit einem Mal öffnet Marie ihre Augen wieder. Das grüne Licht der Blätter flirrt um sie her.

All dies kann ich sehen, denkt Marie, das ist ein Wunder.

Dann geht sie zu den anderen zurück und sie feiern noch lange – bis in die Nacht hinein.

Von Maike, Herrn Klomm und anderen Neuigkeiten

An einem sehr heißen Tag nach den großen Sommerferien kommen Marie und Carita in die dritte Klasse. Marie ist froh, dass sie Carita hat, mit der sie gemeinsam an den neuen Schulbüchern riechen und über den neuen Lehrer reden kann. Er heißt Herr Klomm und ist nicht so nett wie die alte Lehrerin, die sie vorher hatten. Er guckt immer so streng über seine dicke Nase hinweg. Wenn Marie gerade etwas Wichtiges einfällt, was sie Carita schnell ins Ohr flüstern will, dann guckt Herr Klomm sofort zu ihr hinüber und merkt es. »Pssst, Marie!«, sagt er dann, und schon ist es aus mit dem Flüstern. Das macht nicht so viel Spaß.

Als das neue Schuljahr gerade eine Woche alt ist und Marie und Carita die dicke Nase von

Herrn Klomm schon in- und auswendig kennen, kommt am Nachmittag ein großer Möbelwagen in die Tulpenstraße gepoltert. Mit einem lauten Quietsch hält er vor dem Haus, das schon so lange leer steht. »Es ist eine Schande, dass dieses schöne Haus leer steht«, hat Maries Vater immer gesagt, »so ein Haus braucht eine Familie!« Und jetzt ist diese Familie endlich gekommen! Denn auf einmal geht die Haustür auf, ein Mann und eine Frau winken den Männern zu, die aus dem Möbelwagen steigen, und plötzlich rennen zwei, drei, vier, fünf Kinder aus dem Haus und springen im Vorgarten herum, in dem das Gras ganz hoch gewachsen ist.

Eine neue Familie zieht in die Tulpenstraße. Marie und Carita stehen hoch oben auf dem Dachboden und beobachten alles durch die Luke.

»Ein Mädchen ist so alt wie wir«, sagt Carita, »die da mit den roten Haaren, siehst du sie?«

Marie nickt. Das Mädchen trägt gerade einen Spiegel aus dem Möbelwagen ins Haus.

»Vielleicht kommt sie ja in unsere Klasse«, meint Marie.

Und tatsächlich! Schon am nächsten Tag kommt Herr Klomm mit dem rothaarigen Mädchen in das Klassenzimmer und sagt: »Kinder, das ist Maike. Sie ist eure neue Mitschülerin. Bitte helft ihr, dass sie sich in der Schule schnell zurechtfindet!«

Maike bekommt den freien Platz rechts neben Carita. Links von Carita sitzt Marie.

»Hey!«, flüstert Carita Maike zu. »Ich habe gesehen, wie ihr gestern eingezogen seid in das leere Haus!«

»Ich auch«, flüstert Marie und beugt sich vor, aber das merkt Maike gar nicht, denn sie sagt irgendwas zu Carita, und das versteht Marie nicht. Und jetzt guckt Herr Klomm streng über seine dicke Nase hinweg, der Unterricht soll beginnen, das sieht man dieser Nase an.

In der ersten Pause zeigt Carita Maike, wo die Toiletten sind. Und in der zweiten Pause zeigt sie ihr, wo das Lehrerzimmer ist und wo man neue Kreide holt. Carita hilft Maike wirklich prima, dass sie sich in der Schule schnell zurechtfindet, genau wie Herr Klomm gesagt hat. Marie möchte Maike auch etwas zeigen, zum Beispiel den kleinen Kiosk vom Hausmeister, dort kann man Kakao kaufen und Gummibärchen, wenn man Geld hat.

Aber Maike sagt: »Den kenn ich schon!«

Nach der Schule geht Maike zu Fuß nach Hause. Carita schiebt ihr Fahrrad nebenher, Marie auch. Maike erzählt von ihrem neuen

Hochbett, das ihr Vater ihr gerade baut, und dabei guckt sie nur Carita an, nie Marie. Und Carita macht große Augen und sagt, dass sie Hochbetten ganz toll findet. Marie sagt: »Ich finde Hochbetten nicht so toll.«

Maike geht ins Haus und winkt ihnen zu und macht sich nichts draus, wie Marie Hochbetten findet.

»Aber man kann doch unter einem Hochbett eine Ecke bauen«, meint Carita.

»Ich habe meine Ecke ganz woanders«, sagt Marie, »du weißt ja, wo.«

Am Nachmittag sitzt Marie mit Franz und Lars im Gras am Rand des Fußballplatzes. Dort spielen ein paar große Jungs. Franz und Lars kramen in ihren Schultüten. Sie sind jetzt gerade in die erste Klasse gekommen. Franz hat eine blau-silbern-gestreifte Schultüte, vorne drauf ist ein kleiner Hund aus Filz mit einer langen rosa Zunge. Der sieht aus wie Pipsi, der Dackel von Frau Patronelli. »Das ist mein Wachhund«, sagt Franz.

Er schenkt Marie ein Brausebonbon aus seiner Schultüte. Das Brausebonbon legt man sich auf die Zunge, dort löst es sich mit einem komischen Kribbeln auf, dann bekommt man ganz viel Schaum im Mund, und wenn man den runterschluckt, hat man das Gefühl, dass der Mund innen doppelt so groß ist wie vorher. Es ist ein tolles Brausebonbon.

Da kommt Carita. Sie schiebt den Kinderwagen ihrer kleinen Schwester am Fußballplatz entlang und kommt langsam in Maries Nähe. Auf einmal rennt jemand zu Carita, ganz schnell, mit wehenden roten Haaren. Es ist Maike. Sie bleibt außer Atem bei Carita stehen und schaut in den Kinderwagen. Dann gehen die beiden mit dem Kinderwagen fort. Marie kann sie nicht mehr sehen.

Irgendwie hat sie jetzt keine Lust mehr, hier zu sitzen. Sie geht ins Haus. Dort steht Sonja vor dem Spiegel und kämmt sich.

»Gib mir sofort meine Haarspange wieder!«, sagt Sonja.

Marie ärgert sich. Jetzt muss sie Sonja diese blaue Haarspange zurückgeben, die sie sich heute Morgen heimlich ausgeliehen hat.

Dann geht sie in die Küche. Die Haustür fällt laut ins Schloss. Marie schaut durch das Fenster. Dort steht Alfi mit seinem roten Mofa. Und jetzt kommt Sonja aus dem Haus und steigt hintendrauf und die beiden brausen die Tulpenstraße runter, auf und davon. Das hat Sonja noch nie gemacht!

Marie rennt auf die Straße und sieht ihnen nach. Dort hinten biegen sie um die Ecke – und weg sind sie!

Das muss ich Carita erzählen!, schießt es ihr durch den Kopf, aber dann fällt ihr ein, dass Carita ja gerade mit Maike spazieren geht. Und da hat sie plötzlich gar keine Lust mehr, Carita zu erzählen, dass Sonja mit Alfi auf dem Mofa weggefahren ist. Sie geht die Treppe hinauf in ihr Zimmer und spielt ein bisschen Blockflöte. Es kommt ihr vor, als wären die Töne heute klein und flatterig wie Motten.

Beim Abendessen fragt die Mutter: »Wie gefällt dir denn deine neue Mitschülerin, Marie?«

»Ach, die Maike«, sagt Marie und rührt im Jogurt herum. »Die – na ja.«

»Ich hab ganz viele neue Mitschüler!«, schreit Franz. »Eine ganze Schule voll!«

Die Eltern lachen, sogar Sonja lacht, die sonst immer irgendein Gesicht zieht. Und da ist Marie ganz froh, dass sie nicht mehr von Maike reden muss. Dazu hat sie nämlich gar keine Lust.

Marie ist nicht allein

Ehrlich gesagt mag Marie die neue Maike nicht so besonders gern. Aber das sagt sie niemandem. Noch nicht einmal Carita erzählt sie es, obwohl Carita sonst immer alles aus Maries Leben weiß. Carita ist ja schließlich ihre beste Freundin. Nur in letzter Zeit weiß Marie manchmal gar nicht mehr so genau, ob das noch stimmt. Neulich wollte Marie Carita in der Schulpause erzählen, dass Franz seine ganze Schultüte mit Pflaumen gefüllt hat, bis oben hin, er hat sie alle vom Baum gepflückt und dann in der Schultüte vergessen, und da sind sie faul und schimmelig geworden. Das wollte Marie Carita eigentlich erzählen, aber wer nicht zugehört hat, das war Carita. Sie hat stattdessen zugeguckt, wie Maike mit der linken Hand eine Kuh vorn ins Matheheft gemalt hat. Denn Maike ist Linkshänderin. Und Marie hat gleich wieder gemerkt, wie toll Carita das findet, genauso toll wie Hochbetten und wie alles, was Maike hat, was Maike tut, wie Maike lacht ...

Manchmal hat Marie gar keine Lust mehr, in die Schule zu gehen. Zuerst dieser Herr Klomm mit seinem »Pssst, Marie!« und dann auch noch diese Maike!

Und der Sommer ist auch schon vorbei. Die Sonne verkriecht sich. Gestern hat es den ganzen Tag gestürmt und geregnet, viele Blätter wurden von den Bäumen gerissen, die Kastanien knallten herunter und kullerten durch die Gegend. Hinterher hat die Tulpenstraße ganz anders ausgesehen als vorher, schon richtig herbstlich.

Es gibt aber auch etwas, das gefällt Marie: Pipsi wohnt jetzt bei ihnen zu Hause! Vor einer Woche ist Frau Patronelli nach Italien zu ihrer Kusine in den Urlaub gefahren. Pipsi, ihr Dackel, durfte aber nicht mit. In Italien müssen die Hunde alle Maulkörbe tragen. Das kann

Pipsi nicht ausstehen. »Und außerdem kann Pipsi gar kein Italienisch«, hat Frau Patronelli gesagt, »er bellt immer auf Deutsch!« Und dann hat sie gelacht wie ein Truthahn. So ist es gekommen, dass Marie auf Pipsi aufpasst. Sie füttert ihn und geht mit ihm spazieren, und wenn es regnet, muss sie ihm den Regenmantel überziehen, das hat sie Frau Patronelli versprochen.

Marie geht mit Pipsi an der Leine zuerst am Fußballplatz entlang und schaut den Jungs zu, die dort bolzen und Tore schießen. Pipsi bellt wie wild und zieht an der Leine, er möchte am liebsten mitspielen. Marie geht mit ihm dann die Tulpenstraße hinunter. Ganz langsam von Straßenlaterne zu Straßenlaterne, denn überall muss Pipsi schnuppern und sein Bein heben.

Jetzt kommen sie an Maikes Haus vorbei. Unten neben der Haustür ist ein Fenster. Man kann bis ins Zimmer schauen. Man kann sogar genau sehen, wer dort auf dem Sofa sitzt und Fernsehen guckt. Maike und Carita. Und Maikes vier Brüder. Sie essen Salzstangen. Und was man auch noch sehen kann, das ist, was für einen Spaß sie miteinander haben. Sie lachen ziemlich laut. Maike lacht am lautesten.

Marie hat auf einmal das Gefühl, als wäre sie wie Pipsi an einer Leine festgebunden und als würde etwas in ihr ganz kräftig an dieser Leine ziehen, hinein in dieses Zimmer. Ja, am liebsten möchte Marie mitlachen! Sie möchte nicht hier draußen stehen, während Carita und die anderen alle zusammen etwas Lustiges im Fernsehen anschauen.

Marie fühlt sich jetzt so allein wie noch nie in ihrem Leben. Sie geht schnell weiter und zieht Pipsi hinter sich her. »Komm«, zischt sie ihm zu und weiß aber gar nicht, wohin sie so schnell will. Nur weg hier!

Dort ist der Frisör. Und dort der Laden von den Adirs. An der Tür hängt ein Schild: »Wegen Urlaub geschlossen!« Herr Adir hat das Ausrufezeichen riesig groß und gelb gemalt, vor lauter Vorfreude. Denn er und seine Frau sind neulich in die Türkei zu ihrem Sohn geflogen. Sie wollen fünf Wochen wegbleiben. Marie schaut in das leere Schaufenster. Keine Auberginen, keine Walnüsse, keine Tomaten,

kein Salat, nichts liegt dort. Und Marie fühlt sich noch mehr allein. Fast ist es so, als sei niemand auf der Welt außer Marie und Pipsi.

In diesem Moment knattert ein Mofa um die obere Ecke, ein rotes Mofa, Alfis Mofa, aber nicht nur Alfi sitzt darauf, sondern auch Sonja. Sie trägt ihren blauen Seidenschal, er flattert im Wind. Jetzt fahren sie an Marie vorbei. Sonja winkt ihr zu, sie macht ein begeistertes Gesicht, so nett hat sie Marie schon lange nicht mehr angeschaut. Und schon sind sie vorbei, der blaue Schal, das rote Mofa – und Marie steht allein mit Pipsi da. Pipsis Zunge hängt ihm weit aus dem Maul. Wie bei Franz' Wachhund auf der Schultüte.

Ist denn überhaupt gar niemand in der Tulpenstraße da, der etwas mit ihr zu tun haben möchte? Sind sie denn alle in der Türkei oder in Italien? Oder gucken sie alle ohne sie fern?

Nein, nicht alle.

Herr Backeberg nicht. Er macht gerade dort oben im ersten Stock sein Fenster weit auf. Und er hört Musik, sehr laut. Herr Backeberg ist vor kurzem arbeitslos geworden. Jetzt ist er den ganzen Tag zu Hause und tut, was er will. Und meistens will er Musik hören.

Marie zieht Pipsi bis zum Gartenzaun vor dem Haus von Herrn Backeberg. Er winkt ihr zu und schreit: »Hörst du die Musik?«

Marie nickt, na klar hört sie die Musik, die hört doch jeder.

»Grandios, nicht wahr?!«, schreit Herr Backeberg.

Marie weiß nicht, was »grandios« heißt. Sie findet, dass die Opernsängerin singt, als ginge es ihr nicht besonders gut. Vielleicht meint Herr Backeberg das?

»Vielleicht hat sie sich den Magen verdorben!«, schreit Marie zum Fenster hinauf. »So wie Franz neulich, als er alle Lakritzen aus seiner Schultüte auf einmal aufgegessen hat!«

Herr Backeberg sagt nichts, er schließt die Augen und wiegt seinen Kopf im Takt der Musik hin und her.

»Wo hast du denn Carita gelassen?«, schreit er dann plötzlich und reißt seine Augen wieder auf.

»Nirgends«, murmelt Marie. Sie möchte

nicht so gern an Carita denken. Weil sie dann immer gleich auch an Maike denken muss.

»Willst du ein bisschen zu mir hochkommen?«, fragt Herr Backeberg. »Ich zeig dir all meine Musik-CDs. Pipsi kann auch mitkommen.«

Marie schüttelt energisch den Kopf. Nein, sie wird nicht zu Herrn Backeberg gehen, auch wenn er ein netter Mensch ist. Ihr Vater hat gesagt, dass sie niemals mit anderen Leuten mitgehen oder sie besuchen darf. Sie muss immer erst vorher zu Hause fragen. Außer zu Carita, zu ihr darf sie immer. Schon wieder muss sie an Carita denken!

»Allein auf der Welt, was?« Herr Backeberg verschwindet kurz, die Musik geht aus, er kommt wieder ans Fenster und beugt sich weit heraus. Dann flüstert er etwas, das Marie nicht versteht.

»Hä?«, macht Marie.

Herr Backeberg flüstert es noch mal, dieses Mal etwas lauter: »Ich auch!«

Da merkt Marie, wie sich ein großer Kloß unten im Hals bildet, einer, den man schlecht runterschlucken kann. Er schmeckt einfach nicht. Die Tränen steigen ihr in die Augen, sie sagt: »Carita spielt jetzt immerzu mit Maike!« Und dabei stampft sie mit dem Fuß auf, so heftig, dass Pipsi erschrocken zur Seite hüpft.

Herr Backeberg nickt und rauft sich die Haare. Sie stehen jetzt wild nach allen Seiten ab. Jetzt flüstert er wieder etwas. Warum flüstert er denn immer? Vorhin hat er doch so laut geschrien! Marie wundert sich ein bisschen über Herrn Backeberg, aber sie spitzt ihre Ohren und versteht sogar, was er da flüstert: »Aber wir sind nicht allein!« Er zeigt mit dem Finger nach oben zum Himmel.

Gott, fällt Marie jetzt ein, Gott ist da.

»Ich habe ganz vergessen, dass Gott ja auch noch da ist!«, ruft Marie. Und dann rennt sie die Tulpenstraße hinunter, mit Pipsi an der Leine, dem die Zunge aus dem Maul hängt. Das sieht aus, als würde er lachen. Und Marie fühlt sich auf einmal nicht mehr so allein.

Ein nikolausiger Tag

Jetzt wird es wieder früher dunkel. Wenn der Vater um 17 Uhr von der Arbeit nach Hause kommt, gehen schon die Straßenlaternen an. Die Bäume haben keine Blätter mehr und am Morgen liegt Raureif auf dem Gras. Frau Patronelli ist aus Italien zurückgekehrt. Sie hat Marie einen hellgrünen Schal mitgebracht aus ganz leichter Wolle, weil sie so gut auf Pipsi aufgepasst hat. Wenn Marie in die Schule geht, wickelt sie sich den Schal um den Hals. Sie lässt ihn sogar im Unterricht an. Mit dem Schal fühlt sie sich warm und geborgen. Der Schal ist für Marie so etwas wie der Fliederbusch im Sommer: eine geheime Ecke. Herr Klomm muss draußen bleiben. Wenn er wieder so streng guckt, dann fühlt Marie sich hinter ihrem Schal sicherer. Und sogar Carita muss leider draußen bleiben. Marie schaut über den Rand des Schals hinweg zu, wie Carita mit Maike kichert, und es macht ihr jetzt nicht mehr so viel aus. Gott ist ja da und sie hat diesen Schal, und außerdem sind da auch noch Peter und Klaudia und Ricardo. Mit denen spielt Marie jetzt manchmal nachmittags. Das ist auch schön. Ricardo hat eine Hängematte in seinem Zimmer, in der man schaukeln kann, und Peter hat viele Computerspiele.

An einem Abend kurz vor dem ersten Advent kommt Marie vom Spielen mit den dreien nach Hause. Sie muss jetzt noch schnell Mathehausaufgaben machen, aber der Vater soll ihr helfen, denn die sind so furchtbar schwierig. Der Vater und sie setzen sich an den Esstisch und knipsen die Tischlampe an. Der Regen prasselt gegen die Fensterscheiben und der Vater sagt: »Die Dachrinne ist viel zu alt! Wir brauchen unbedingt eine neue Dachrinne!« Dann erklärt er ihr, wie das mit den Rechenaufgaben geht. Aber Marie kapiert und kapiert es einfach nicht. Außerdem muss sie immer an Peters neues Computerspiel denken, das sie vorhin ausprobiert hat. Marie gähnt und steckt die Nase tief in ihren grünen Schal.

»Marie«, sagt der Vater, »ich glaube, der Nikolaus muss dir einen neuen Mathe-Kopf bringen. Dein alter funktioniert nicht mehr richtig, was?«

Marie legt ihren alten Kopf an die Schulter des Vaters. »Ach, Vati«, sagt sie, »es ist so dunkel in meinem Kopf und ich finde den Lichtschalter nicht.«

Da schaut der Vater ihr tief ins linke Ohr hinein und dann tief ins rechte Ohr, aber er findet den Lichtschalter für Maries Kopf auch nicht. »Was machen wir denn da bloß?«, brummt er und legt seine Stirn in Falten, dass sie aussieht wie liniertes Papier.

Sonja kommt ins Esszimmer. Sie hat lauter bunte Pappe dabei, Uhu und Schere.

»Könnt ihr bitte mit dem Unsinn aufhören und mir Platz machen«, sagt sie, »ich möchte für Gabi was zum Nikolaus basteln.«

Der Vater steht auf. »Ich hab's, Marie«, meint er, »du bastelst auch etwas für Carita zum Nikolaus. Und danach findest du bestimmt den Lichtschalter in deinem Kopf wieder und – pling! – dann geht Mathe ganz einfach!«

Marie zieht eine Schnute und starrt auf die Tischlampe. »Nö, für Carita nicht«, murmelt sie.

»Was hat sie dir denn getan?«, fragt Sonja. Sie ist seit einiger Zeit wieder viel netter zu Marie. Das liegt sicher an Alfis Mofa.

Da erzählt Marie dem Vater und Sonja, dass Carita jetzt immer mit Maike zusammen ist und dass sie deswegen gar keine Lust hat, Carita etwas zum Nikolaus zu schenken.

»Hast du ihr denn schon mal gesagt, dass du sie vermisst?«, fragt der Vater.

Marie schüttelt den Kopf.

»Warum nicht?«, fragt Sonja.

»Weil Carita mich doch auch nicht vermisst!«, antwortet Marie. »Außerdem kann ich ja mit Peter und so spielen. Der hat ganz tolle Computerspiele.«

Dann ist der Advent da. Im Wohnzimmer steht eine große Vase mit Tannenzweigen und überall hängen Strohsterne: an den Fensterscheiben, an der Deckenlampe, an der Haustür. Franz hat sogar einen Stern auf den Klodeckel geklebt. Morgens zündet die Mutter die erste Kerze am Adventskranz an und sie frühstücken bei Kerzenschein. Hinter der Fensterscheibe ist der Morgen noch ganz schwarz.

Zum Nikolaus findet Marie in ihrem Schuh lauter Marzipankugeln und Schokolade, außerdem hellgrüne Handschuhe, die gut zu ihrem Schal passen. Sie zieht sie gleich an und macht sich auf den Schulweg. Die Mutter sagt, dass Marie und Franz heute zu Fuß gehen müssen, denn die Straßen sind sehr glatt. Sonja, die in eine andere Schule geht, fährt immer mit dem Bus.

Ob Carita und Maike auch zu Fuß gehen? Marie kann sie nirgends sehen. Aber die Wintersonne ist ja auch noch immer nicht aufgegangen. Die Häuser und Gärten der Tulpenstraße haben sich in der Kälte und Dunkelheit verkrochen wie Marie hinter ihrem Schal. Franz und sie kommen beim Frisör vorbei und bei Adirs türkischem Laden. Herr Adir packt gerade einen großen Karton mit Mandarinen aus. Er winkt ihnen durch die hell erleuchtete Schaufensterscheibe zu.

Den letzten Rest des Schulwegs müssen Marie und Franz ziemlich schnell laufen, denn es ist schon spät. Sie schlittern und rutschen mit Schwung auf dem Gehweg, das machen sie ganz geschickt, kein einziges Mal fallen sie hin. »Ha, ich bin der beste Glatteis-Rutscher!«, schreit Franz und reißt beim Schlittern die Arme hoch.

Am Eingang zum Schulhof befinden sich die Fahrradständer. Marie und Carita haben seit der zweiten Schulklasse den gleichen Fahrradständer. Immer stellen sie ihre Fahrräder nebeneinander ab. Da steht Caritas Rad. Sie ist also tatsächlich bei diesem Glatteis geradelt!

Typisch, denkt Marie, Caritas Mutter hat ihr das erlaubt, nur meine denkt, ich würde mit dem Fahrrad hinknallen.

Franz rennt ins Schulgebäude, es klingelt schon, und Marie will auch gerade die Treppen hinauflaufen, da fällt ihr Blick auf den Boden neben Caritas Rad. Dort liegt etwas. Es liegt genau da, wo sonst immer Maries Rad steht. Es schimmert. Marie geht hin, bückt sich und hebt es auf. Es ist ein kleiner Stiefel aus Goldpapier. Oben herum klebt weiße Watte wie richtiges Fell. Sogar eine Schuhsohle aus roter Wellpappe hat der Stiefel. Marie guckt hinein. Lakritze! Der Stiefel ist bis zum Rand gefüllt mit Lakritze. Aber nicht mit irgendeiner, nein! Es ist die schwarz-rosa gestreifte Lieblingslakritze von Marie.

Maries Herz klopft laut. Carita weiß genau, dass dies Maries Lieblingslakritze ist! Sie hat ihr diesen Stiefel an den Fahrradständer gestellt, weil heute Nikolaus ist. Und weil sie immer noch meine Freundin ist, weiß Marie in diesem Moment. Und dieser Moment ist so nikolausig und adventlich, dass es ganz hell wird in Maries Kopf. Ah, da geht ein Licht an in Maries Kopf! Irgendjemand hat den Lichtschalter wieder gefunden! War das Carita?

Und da fällt ihr auch schon ein, dass der Unterricht längst begonnen hat und sie jetzt zu spät kommen wird. Oh nein, Herr Klomm wird wieder gucken ...

Marie rennt und rennt und kommt außer Atem vor der Klassentür an. Ohne anzuklopfen, macht sie vorsichtig die Tür auf. Herr Klomm steht gerade vorn an der Tafel und schreibt etwas an. Was für ein Glück sie heute hat! Sie bekommt ja ein Nikolaus-Geschenk nach dem andern! Herr Klomm merkt nicht, wie Marie leise die Tür hinter sich schließt und wie ein Kätzchen zu ihrem Platz neben Carita schleicht. Marie stellt den Stiefel vor sich auf den Tisch und kitzelt Carita hinterm Ohr. »Danke, Carita!«, flüstert sie. Und weil es jetzt so hell in ihrem Kopf ist, als ob da alle vier Adventskerzen brennen, sagt sie noch: »Ich habe dich ganz schön vermisst.«

Carita strahlt wie ein Honigkuchenpferd. »Ich dich auch, Marie«, flüstert sie zurück, »kommst du heute Nachmittag auf den Dachboden?«

»Klar«, sagt Marie. Oh, das hat sie jetzt ein bisschen zu laut gesagt! Herr Klomm da vorne dreht sich plötzlich um und guckt streng über seine dicke Nase hinweg zu ihr herüber. »Psst, Marie!«, sagt er.

Marie hat immer noch ihren Wintermantel an. Herr Klomm dreht sich wieder zur Tafel und schreibt weiter. Er hat nicht mit ihr geschimpft, weil sie zu spät gekommen ist. Noch ein Nikolaus-Geschenk! Schnell zieht sie ihren Mantel aus.

Und kurz bevor Marie ihren Stift auspackt und genau wie Carita, Maike, Peter, Klaudia, Ricardo und die anderen in der Klasse schön brav alles von der Tafel abschreibt, macht sie noch was anderes: Sie wickelt ihren Schal vom Hals und steckt ihn in die Manteltasche. Sie

braucht ihn jetzt nicht mehr hier im Unterricht. Auch ohne ihn fühlt sie sich warm und sicher genug.

Am Abend hilft der Vater Marie wieder bei den Mathehausaufgaben. Pling! – ihr Mathe-Kopf funktioniert auf einmal!

»Der Nikolaus hat dir wohl einen neuen Mathe-Kopf mitgebracht, was?«, meint der Vater.

Marie lacht. »Nein«, sagt sie, »ich glaube, in meinem Kopf ist Advent.«

Woher das Schöne kommt

Bald ist Weihnachten. Dann kommt die Oma Düsseldorf zu Besuch. Oma Düsseldorf ist die Mutter von Maries Mutter, und wo sie wohnt, das hört man ja: in Düsseldorf natürlich. Wenn sie zu Besuch kommt, kriegt die Mutter immer »die Putzerei«. Das ist eine ganz komische Krankheit. Von morgens bis abends putzt sie die Fenster, saugt die Teppichböden, wischt Staub und sogar die Kacheln im Badezimmer poliert sie blank, das macht sie sonst nie. Und dabei presst sie ihre Lippen zusammen und redet kein Wort, keiner darf ihr auf die Nerven gehen, sonst setzt es was, und essen tut sie auch erst, wenn »die Putzerei« wieder vorbei ist. Das Komischste an dieser Krankheit ist, dass niemand der Mutter helfen darf.

Das liegt daran, dass die Oma Düsseldorf jedes Mal an Weihnachten sagt: »Ich schaff die Putzerei ja immer noch ganz allein!« Und die Mutter will dann antworten können: »Ich auch.«

Wenn die Mutter »die Putzerei« hat, geht Marie am besten gleich nach dem Mittagessen nach draußen und kommt erst abends wieder heim, auch wenn sie dann schon eiskalte Füße hat. Tja, wenn sie sich erkältet, dann ist eben »die Putzerei« schuld. Zu Carita kann sie nicht, denn Carita hat Scharlach. Das ist eine ansteckende Krankheit. »Die Putzerei« steckt zum Glück nicht an. Marie hat nie Lust zum Putzen, Sonja und der Vater auch nicht, und Franz weiß ja noch nicht mal, wie man einen Lappen auswringt.

Marie geht die Tulpenstraße entlang. Es ist sehr kalt heute. Die Wolken dort oben sehen so schwer aus, als seien sie voller Schnee. Der Vater hat heute Morgen gesagt, dass es vielleicht bald schneit. Vor ein paar Wochen hat Marie den Schlitten aus ihrer geheimen Ecke hinter dem kahlen Fliederbusch geholt und ihn wieder in ihr Zimmer gestellt. Ob er in diesem

Winter endlich ...!? Ihr wird ganz kribbelig bei der Vorstellung, den Berg hinunterzusausen. In der Weihnachtszeit ist es Marie ganz oft kribbelig zumute. Beim Plätzchenbacken zum Beispiel ist ihr so kribbelig, dass sie ständig Teig naschen muss. Sonja und Gabi, die ja bekanntlich die besten Plätzchenbäckerinnen der Tulpenstraße sind, hauen ihr schon gar nicht mehr auf die Finger. Denn da kämen sie gar nicht mehr zum Ausstechen und Verzieren der Plätzchen, wenn sie Marie jedes Mal auf die Finger hauen würden.

Frau Patronelli kommt ihr mit Pipsi entgegen. Er trägt jetzt einen schicken Wintermantel. »Der ist gefüttert, damit Pipsi nicht friert«, erzählt Frau Patronelli. Dann möchte sie wissen, ob die Oma Düsseldorf denn wieder zum Weihnachtsfest kommt. Sie und die Oma Düsseldorf verstehen sich blendend. »Wir sind ein Gespann«, sagen sie immer.

»Übermorgen kommt sie«, weiß Marie. Da rollt Frau Patronelli mit den Augen und eilt nach Hause, um noch ein paar Rumkugeln zu machen.

Beim Frisör bleibt Marie stehen und schaut durch das große Fenster. Dort in der Ecke wird Herr Kleber gerade eingeschäumt, das macht der Herr Frisör. Marie vergisst immer seinen Namen. Sie geht nie zum Haareschneiden hierher, das macht die Mutter zu Hause selbst. Im Schaufenster klettert die Frau Frisör mit dem Staubsauger herum und räumt die Shampoos und Haarsprays weg. Hat sie etwa auch »die Putzerei«? Oh nein! Da schaut sie auf, entdeckt Marie und winkt ihr zu.

Maries Füße sind jetzt schon eiskalt. Sie trampelt ein bisschen auf der Stelle, um sie warm zu kriegen. Plötzlich gibt die Frau Frisör ihr ein Zeichen, dass sie hereinkommen soll. Marie öffnet die Tür und tritt ein. Schön warm ist es hier und es riecht nach Haarzeugs. Ein Radio-Chor singt Weihnachtslieder. Dort unter der Trockenhaube sitzt Margarete Kleber.

»Na, mein Kind, wärm dich mal schön auf«, sagt die Frau Frisör, »ist ja so brrr-kalt draußen, was, mein Kind?«

Marie findet zwar, dass sie nicht das Kind von der Frau Frisör ist, aber das ist jetzt egal.

Die Frau Frisör hat nicht »die Putzerei«. Sie staubsaugt nur schnell den Filzboden im Schaufenster und holt dann eine große Spraydose. »Was mach ich nur? Was mach ich nur?«, murmelt sie vor sich hin.

Da wird Marie auf einmal ganz kribbelig. Diese Spraydose enthält nichts fürs Haar, sondern Gold zum Sprühen. Das kann Marie genau sehen. Und wenn die Frau Frisör nicht weiß, was sie damit anfangen soll, dann muss sie nur Marie fragen! Die hat schon eine Idee.

»Soll die Schaufensterscheibe vielleicht nach Weihnachten aussehen?«, fragt Marie erst einmal mit der höflichsten Stimme, die sie hat. Bei Erwachsenen muss man ja manchmal ganz vorsichtig anfangen. Sonst kriegen die Angst, dass sie es doch nicht besser wissen als die Kinder, und werden so knickerig.

»Ja, ganz richtig«, sagt die Frau Frisör, »eine schöne, weihnachtliche Schaufensterscheibe soll es werden. Letztes Jahr habe ich ja versucht, einen Weihnachtsbaum draufzusprühen. Aber der ist nix geworden, er sah aus wie eine Krake. Da habe ich ihn wieder weggewaschen und habe nur ein paar Papiersterne aufgehängt.«

Jetzt erzählt Marie von ihrer Idee: Schneeflocken, ein Schlitten und ein Stern! Ganz einfach!

Die Frau Frisör schaut auf die Spraydose, als wäre die ein Ungeheuer. Dann sagt sie: »Weißt du, mein Kind, du kannst es ja mal probieren, wie wär's?«

Genau das ist es, was Marie will! Wenn sie schon das Kind von der Frau Frisör sein soll, dann möchte sie auch mal ihre Spraydose ausprobieren.

Gewünscht, gesagt, getan! Marie zieht ihre Schuhe aus und klettert auf den Filzboden des Schaufensters. Man steht hier ein bisschen über der Straße, das ist lustig. Leider kommt gerade niemand vorbei, der sehen könnte, wie Marie jetzt mutige Schneeflocken sprüht. Pfft, pfft, pfft! Einen goldenen Fleck nach dem anderen zischt sie aufs Glas, bis es überall auf der Scheibe schneit. Dann kommt der Stern dran. Ein bisschen krumm wird er, macht nix. Und jetzt das Schwerste: der Schlitten. Marie setzt sich im Schneidersitz auf den Boden. Wie ein Schlitten aussieht, das weiß ja niemand besser als sie. Also los! Ganz langsam sprüht sie ihn unten auf die Scheibe. So groß, dass man drauf sitzen könnte.

Als Marie fertig ist, klatschen die Frau Frisör, Herr Kleber und Margarete in die Hände. »Prima, Marie!«, ruft Margarete. Sie hat eine neue Dauerwelle für Weihnachten bekommen, eine sehr festliche Dauerwelle.

Die Frau Frisör schenkt Marie die Spraydose, in der noch ganz viel drin ist. Damit läuft Marie nach Hause. Sie hat nämlich schon wieder eine Idee ...

Aber mit dieser Idee muss sie noch warten, bis erstens die Oma Düsseldorf da ist und zweitens der Weihnachtsbaum im Wohnzimmer steht. Denn dann schmückt die Oma Düsseldorf den Baum und stellt die Krippe auf. »Das ist mein Amt«, sagt sie immer und macht dazu ein feierliches Gesicht.

Am Nachmittag des Heiligen Abends ist es ganz still im Haus. Die Eltern und die Oma Düssel-

Frisör

dorf machen Mittagsschlaf. »Die Putzerei« ist vorbei und die Mutter völlig erschlagen, aber sie redet und isst wieder. Sonja liest Franz ein Märchen vor, damit er nicht vor Aufregung umkippt. Er ist immer so schrecklich zappelig, bis er endlich ins Weihnachtszimmer darf. Dort an der Tür hängt seit gestern ein Schild: Zutritt für Kinder verboten. Die Oma Düsseldorf sagt, dass das Christkind persönlich das Schild aufgehängt hat. Aber das stimmt nicht, sie selbst hängt es immer auf, Marie hat es gesehen.

Deswegen hat das Christkind auch nichts dagegen, wenn Marie jetzt heimlich ins Weihnachtszimmer geht. Das Christkind ist Jesus. Er ist an Weihnachten geboren. Das ist sein Geburtstagsfest und das ist die Hauptsache. Er ist wichtiger als alles andere, wichtiger als die Geschenke und der Baum, wichtiger als »die Putzerei«, Margaretes Dauerwelle, das Schaufenster und wichtiger als die Oma Düsseldorf und ihr Amt. Sie hat ihr Amt gut gemacht, wie immer, der Baum hängt voll mit kleinen Glaskugeln und Silberlametta, wie jedes Jahr. Wenn die Kerzen heute Abend angezündet

werden, wird er wunderschön aussehen. Und da unter dem Baum steht die Krippe aus Ton: Maria, Josef und das Jesuskind und die anderen Leute im Stall.

Marie hat die Spraydose von der Frau Frisör dabei. Sie bückt sich, nimmt das kleine Jesuskind aus der Futterkrippe und sprüht los. Pfft, pfft, pfft – bis das Jesuskind vergoldet ist. Dann legt sie es wieder zurück und geht leise aus dem Zimmer.

Heute Abend, wenn sie alle miteinander Weihnachten feiern, dann wird es hier in der Krippe unter dem Baum im Kerzenschein golden funkeln und glitzern. Die anderen werden Augen machen und genau hinschauen, was das ist. Und dann werden sie sehen: Das Goldene, das Funkelnde, das Schöne kommt von der Hauptsache, vom Jesuskind. Das leuchtet wie neugeboren.

Darauf freut sich Marie schon.

Jeschke, Tanja:
Ein Jahr mit Marie
ISBN 3 522 30067 X

Einband- und Innenillustrationen: Marina Rachner
Einbandtypografie: Michael Kimmerle, Stuttgart
Texttypografie: Prill Partners producing, Berlin
Satz: KCS GmbH, Buchholz/Hamburg
Schrift: Candida
Lektorat: Katharina Ebinger
Reproduktion: immedia 23, Stuttgart
Druck und Bindung: Friedrich Pustet, Regensburg

6 5 4 3 2* 05 06 07 08

Gabriel im Internet: www.gabriel-verlag.de

Leseprobe aus
»Die geheimnisvolle Nacht der Geschenke«
von Tanja Jeschke

Ein kleiner Hirte, nämlich der Finni, stand vor einem alten Stall in Betlehem, einem Dörfchen, in dem der Wind um die Ecken heulte. Der Finni stand dort, er zitterte vor Kälte, und es wäre besser gewesen, wenn er schnell wieder in den Stall zurückgeschlüpft wäre, aus dem er kam, aber er hatte hier draußen etwas entdeckt. Es war ein großer Stern, der direkt über dem Stalldach stand und heller leuchtete als die Sonne. Der Finni blinzelte zu dem Stern hinauf und wunderte sich wieder einmal. Er hatte sich in den letzten paar Tagen schon so oft gewundert, dass es ihm vorkam, als seien seine Augen größer geworden vor lauter Staunen.

Ich wette, dachte der Finni, der Stern steht da wegen …

In dem Augenblick hörte er auf der Straße lautes Getrappel, das immer näher kam, und erschrocken flüsterte er: »Oh weh, das sind bestimmt die Soldaten von König Herodes!«

Schnell versteckte er sich hinter der Regentonne an der Stallecke und legte eine Hand auf sein laut pochendes Herz, damit man die Angst nicht hörte. Die Soldaten von König Herodes – das waren gefährliche Männer! Sie hatten keinen eigenen Kopf, sondern taten immer, was der König ihnen befahl, egal, wie böse und dumm es war. Und es war meistens dumm und böse, was der König Herodes befahl, denn er war ein schrecklicher König. Er wollte die Macht haben über alle Menschen und tat dafür, was er wollte. Das wusste der Finni, jeder wusste das, und jeder hatte Angst vor ihm und vor seinen Soldaten.

Das Getrappel wurde immer lauter, der Finni presste die Augen zu. Plötzlich war es ganz still. Der Finni hielt den Atem an. Die Soldaten mussten ganz in seiner Nähe stehen geblieben sein. Was sollte er nur tun? Er öffnete seine Augen, kratzte all seinen Hirtenmut zusammen und schaute hinter der Regentonne hervor. Dort auf der Straße vor dem Stall standen drei große Kamele, und obendrauf saßen drei fremde Männer. Nein, Soldaten von König Herodes waren das nicht, die hatten doch immer Helme über dem Gesicht und fuchtelten mit Speeren herum und meistens brüllten sie. Aber diese dort – drei stille Männer auf Kamelen! Einer von ihnen, ein Mohr, schaute gerade durch ein Fernrohr genau auf den Stern über dem Dach. Dann sagte er: »Unser Stern hängt über diesem Stall fest!«

Jetzt packte den Finni die Neugier. Die Männer hatten von dem prächtigen Stern gesprochen, und das interessierte ihn so sehr, dass er all seine Angst vergaß und hinter der Regentonne hervorsprang und rief: »He, ihr Männer, was wisst ihr von diesem Stern?!«

gabriel

Weil Kinder **Warum?** fragen

Die Weihnachtsgeschichte neu erzählt

Tanja Jeschke

Die geheimnisvolle Nacht der Geschenke

ab 6 Jahren · 96 Seiten

mit Illustrationen von Marina Rachner

ISBN 3 522 30058 0

In dieser Nacht wird jeder beschenkt. Nicht nur Jesus, sondern auch der kleine Hirtenjunge Finni, Meili mit der Flöte, die Heiligen Drei Könige und Maria und Josef. Und wer hätte gedacht, dass in der Nachthütte am Weg noch andere Überraschungen auf sie warten ...